你所說的流浪，
就是我的歸途。

楊迷斯——

著

迷失在名為旅行的路上——
從一人獨旅到三人旅居的愛情旅遊故事

時報出版

前篇　迷失在名為旅行的路上

前篇
迷失在名為旅行的路上

楔子 prologue

I/ 告別詩：相見時難別亦難

三年前的那天，奶奶仙逝的那年，我遞出了離職單，背起行囊。

「阿嬤，我們出發吧！」

在奶奶離開的前一年我們有過一個承諾，那就是環遊世界。我的奶奶 96 歲了，當村裡所有的同輩都已離世，她似乎也看破了一些事情。每天坐在那張已經坐了幾十年的椅子，泰然自若的望著窗，我不知道她會不會期待每個週末我下班來探望她的時刻，但在她不多的拜訪者裡，我想期待也是活著的一個動力。

奶奶這輩子只知道中國跟日本兩個國家，偶爾提起那在日本京都的叔公，當年二戰時，日本戰敗，叔公一個人上了開往日本的船。這件事當時奶奶他們並不曉得，甚至以為叔公死於亂軍之中。多少年頭過去，某天日本那頭傳來訊息，原來叔公還在，在日本定居了，還有了家庭跟小孩。我只記得小時候叔公回來臺灣探親就跟我睡在同一個房間。

如今奶奶 96 歲，這輩子估計無法再與她弟弟見面了吧！每當提起這段，奶奶總是搖著身子，不說一語。曾經我也想過拿著 iPad 到京都去給叔公跟奶奶視訊，可惜叔公早已痴呆認不得人了。

她走的那天，我還在新竹臺積電加班，為了嘲解加班的不悅總是與學長們開開玩笑。那天我的眼皮沒有異常的跳動，杯子裡的茶葉也沒有立著，毫無預兆的，我正搬著器具的時候，突然來了一通電話，電話那頭是媽媽冷靜的聲音：「晚上下班就回家吧，阿嬤走了。」

我盡量保持鎮定，其實我心裡也知道，96 歲也算是長壽了。我知會主管可能會請假幾天，然後離開工廠，搭上回臺中的高鐵。在車上，我回憶著只有我們的時光，我時常把書上讀到的歷史故事講給奶奶聽，她是我最好的聽眾，當然也是很沉默的聽眾，我想她八成沒有聽懂。隨著年紀越高，她開始會重覆問我相同的問題，不過我也不介意，因為我想有天我老了大概也是這樣。

爸跟我說奶奶是吃完午餐後午睡時走的，沒有病痛。對一個長者來說，這是很好的方式。村裡跟她同輩的早已走光，曾經奶奶還笑笑的跟我說她現在是全村最大的了，我想到

了天上，您還會是最大的！

還記得奶奶曾經有次跟我聊到其他國家……

「中國旁邊就是日本嗎？所以日本才會打中國吧？！」

「不是呀，他們中間還有韓國。」

「那韓國是屬於日本還中國的啊？」

「奶奶，韓國自己就是一個國家，日本跟中國也是國家，沒有屬於誰。」

奶奶的世界觀就只有中國跟日本了，當她聽著二戰時歐洲那些國家名稱都很茫然的說著：「怎麼還有這麼多地方……」

「你會想去嗎？」奶奶問我。

「想啊！以後有機會一定要去看看的！」

「嗯嗯……我應該沒機會了吧。」

「不會的，等你身體好點，我帶妳去吧！！」

當我回到家時，喪禮會場已布置好，因為是高齡仙逝，所以特地用了粉紅色的帷

奶奶（左三）與四個親妹妹聚餐

幕。奶奶就躺在我家裡，我點了幾炷香，跪在奶奶旁。

「阿嬤，孫子回來看你了。」

2/ 朋友的告別

「我打算從越南一路到歐洲！」

當我跟朋友提起這件事情的時候，他們第一的反應是「你錢夠嗎？」、「搭飛機嗎？」

這些問題我也曾問過自己好幾次，但最後我還是決定用最便宜的方式——走：「不是，我希望是盡量用陸路的方式穿越國家，不得已我才搭飛機，能走路就不搭便車，能搭便車就不搭巴士或火車，畢竟我……沒有足夠的錢。」

決定不搭飛機固然有錢的因素在裡面，更重要的是我從來沒有體驗過用「走」的到另一個國家。因為臺灣是個海島，唯一的邊境就是海，沒有相鄰的國家，去任何一個國家都需要靠飛機或船，所以由陸路去另一個國家對我是很具吸引力的。

我沒有任何背包客的經驗，連一個基本的大背包都沒有，更別提什麼出國旅行一個月以上這種經驗。突然的，我就決定計畫出去一年，而且是用這種方式，連我自己都覺得困難。在出發前我看了幾本日本背包客的書，看著看著也覺得天下無難事，相信自己做得到。

出發前，約了幾個朋友吃飯當作離別前的祝福，直到這一刻他們仍然覺得這件事情很難做到，畢竟我們身邊沒有這樣的朋友存在。送給我睡袋的朋友也只是鼓勵的態度希望我不會真的用到（事實上是頻頻用上）。

「那你要出去多久呀？想回來就回來啊，我們不會笑你的！」

「嗯……至少到歐洲吧！或是……錢花光了就回來！」

整理好行李，把覺得用得到的東西都塞進包裡。一切都是初學，我帶著興奮與期待出發，揮別父母，揮別臺灣，帶著奶奶踏出了國門，開始了，旅行！

越南 Vietnam

胡志明市→芽莊→會安→峴港→順化→榮市→河靜→河內

1/ 走吧，我的旅途

選擇東南亞當作出發點，除了距離相對近外，還有就是受《深夜特急》影響。這是日本人澤木耕太郎於 1987 年出版的旅行書，在日本被稱為旅行聖經，往後遇到的日本背包客幾乎都看過這本書。

在我出發旅行前，我向公司的學長借了這套書，試圖從裡面尋找靈感。當時正猶豫著要先飛到歐洲再往亞洲走，還是從亞洲走到歐洲。看著書裡作者從香港出發，東南亞，然後往歐洲走。有種從自己熟悉的環境越往陌生去，似乎這樣的由淺入深會比較適合我。我決定跟著澤木耕太郎的腳步走，不過港澳我去過了，所以我直接從東南亞開始。

出發前兩個月，不斷地在網路上看機票，運氣好的我搶到了一張票價便宜了 100 元的機票，我想這就是好的開始吧！

那天，爸媽送我到臺中清泉崗機場，以往他們都是載我到客運站或是火車站，目的地通常是臺北或是新竹；這次我是要離開臺灣，不曉得他們是否也懷著往常一樣的心情送我。看著行李經過 X 光機，旁邊兩個越南人唧哩呱啦的，喂！我等下就是要去你們的國家耶。

飛機降落在越南胡志明機場跑道上，此時天空也已降下帷幕，我有說不出來的激動與害怕，我害怕會不會撐不過幾天就倉皇而逃，是不是應該先想好幾個臨時回去又不失顏面的好藉口呢？

飛機落在越南胡志明市新山一國際機場。

"Taxi! Taxi!"

"phố Hồ Chí Minh!"

一入境，耳邊傳來叫賣聲，我心裡知道自己可能已經成為他們眼中的肥羊，畢竟背著 70 升的登山包，在這群下機的乘客中，我無疑是一個異類。

這是我第一個國家，剛剛脫離臺灣的便利，沒有網路讓我心裡很是慌張，便趕緊在機

場買了一張 sim 卡（這是這趟旅程唯二買的兩張網路卡，另一張是在尼泊爾）。接著從剛剛的叫賣聲中找尋可以到市區的車。

背包放在後車廂，一個陌生的城市，司機說著我不懂的語言，我的背包客帳號才剛辦好，等級才剛開始。我好擔心一下車行李就被搶，還是會不會等下根本下不了車？！我手不由自主的放在門把上。

車停在我訂的旅館附近，我等司機下車才跟著下車，等到我行李上手才把錢拿出來交給他，一切如我心裡禱告的那樣順利，感謝佛祖，感謝媽祖。

2/ 第一位女孩

"Do you have reservation？" 一個看起來只有 18 歲的小姑娘，站在櫃檯旁，櫃檯都快要高過她了。

"Yes! Here it is!"

她是旅館的櫃檯人員，名字叫 Nguyen，我一度會唸她的名字，不過很快就忘了。她是我這次旅行第一個遇到的女孩。

一進房間，三張上下鋪床，打從退伍後就沒睡過這種的，以後大概都是這個路線吧。我的室友分別有兩個大學剛畢業的廣東人和一位瘸腳的美國人，大學生似乎不太說英文，所以美國人轉向我搭話。他的名字叫 Jon（也有可能叫 Jone），也是大學剛畢業，拿著在學期間打工的錢來越南跟柬埔寨玩一個月。按他的說法：「胡志明市是天堂般的地方！」他似乎在這過得非常愉快。

Nguyen 跟我說每位入住的新客人都有一瓶越南啤酒可以解渴，確實是需要，越南太熱了。我乾完自己的，也順手把室友們的一網打盡，對於他們不喝酒的優良好習慣，我為此感到欣慰。

媽媽要求每天跟她報備，當然我覺得沒必要這樣。不過才剛開始，她肯定很擔心，所以入住後，我立刻向父母報平安。

「那邊住的還習慣嗎？會不會很危險？」媽媽語音一接通便劈里啪啦地問了一堆問題。雖然我 29 歲了，但我永遠是媽媽心中的那個小孩子吧。

「媽，這裡很安全啦，不要擔心。」

來之前聽說過胡志明市的髒亂，假如當時先看了印度，肯定覺得胡志明市其實滿乾淨了。走在路上，我沒有感到陌生，因為他們的樣貌跟我們差異不大。我聽說這裡小偷很多，時時刻刻我都會習慣的摸一下腰包確保我的財產安全。我可不想因為錢被偷而提前回家，這個理由會讓我被笑到老的！

還記得 2013 年末，我第一次到中國西安，也是我人生第一次出國。當時還沒有聽說過什麼支付寶，也許還不盛行。我在臺灣換了一萬人民幣，抵達西安機場時，我把錢分別放在皮夾裡，外套暗袋裡，還有鞋子裡，我實在太擔心被搶了。一直到第三天我覺得很安全後才把錢都放回皮夾裡，然後率先把鞋子裡的臭錢花掉。

我猶豫著要不要也這麼做，畢竟越南讓我感覺比中國還危險，但又轉念一想，也許又是我過度放大了。好！決定把錢都放在腰包了。

我把胡志明幾個有名的地標景點都逛了遍，在統一宮遇到了幾名臺灣人。

「你一個人來越南玩呀？」一名大姐看我一個人便靠過來搭話。

「對啊，一個人。」

「你懂這些建築物裡面的東西嗎？」他們一行總共三人，一對夫妻跟一位大哥。聽他們說是來胡志明市投資房地產的，順便在胡志明玩兩天。她們對越南的歷史與建築都不熟，覺得景點也都只能是走馬看花。

「哦……還可以吧，基本的越南史還算熟悉。」

「那你可以介紹給我們聽嗎？我們請你吃個飯算是交換。」這個建議頗好的，反正我也只是上嘴皮碰下嘴皮，還能換到一餐，所以我決定當他們的臨時解說員。這也開啟了我的在地解說員之路。

我把越南的近代史以及越戰簡單

旅行中遇見的第一位女孩 Nguyen

的說了一遍，帶她們逛了統一宮、聖母教堂、粉紅教堂以及戰爭遺跡博物館，然後我們到附近的餐廳飽餐一頓。分開時，他們還幫我出了回旅館的計程車費。此刻對於遇到臺灣人這件事情，還沒有特別的珍惜，因為我離家不久，直到後來才感到同鄉的可貴。

晚上我回到旅館，Nguyen坐在沙發上看電視，我靠過去攀談，順便買了往會安的巴士票。Nguyen約略23歲，大學剛畢業。聽著我的計畫，我看得出她眼睛發出羨慕的光。剛畢業的她沒有多餘的錢可以出國，身為長女的她也肩負著家裡的經濟。她問我為什麼出來旅行，我停頓了一下，緩緩說出：

「我……對人生有點迷惘，又即將30歲了，也想著要做些不一樣的事情，所以我出國了。這裡是我的第一站，我希望不要太快放棄。也許曾經我的世界只有這麼小，但現在開始會不一樣，因為我出來了。」

離開前，我向她提出合照的要求，她開心的答應，然後從櫃檯後的抽屜拿出化妝盒在臉上左撲右塗，畫上鮮紅的口紅，我們在櫃檯旁合影一張。她說也許哪天又會在哪相遇，雖然世界不大，但直覺告訴我，不會再相遇了。當晚我搭上往會安的巴士，此刻我還沒有「旅行開始了」的感覺。

3/ 貪婪的摩拖車司機

開往會安的巴士，我刻意指定了要在芽莊停留12小時。聽說那裡有美麗的海灘，許多俄羅斯人特地飛過來享受陽光。巴士停在郊區的休息站，一下車，許多計程車、摩托車司機蜂擁而至的靠過來。有錢的人就選擇計程車，窮一點的就搭摩托車。我本來是想用走的進城，但看google地圖上的距離大約15公里，想想還是找車搭吧。

一名樣貌不佳的男司機向我靠近，我們用簡單的英文溝通。芽莊有一個婆那加占婆塔，是占婆時期的文化遺產，對歷史著迷的我自然想過去拜訪。我問司機從巴士站過去大約要多少錢。

「你說多少錢就多少錢吧！」司機一臉堅定地回答我。我疑惑的再次跟他確認，他還是一樣的話。

「那20萬越南盾可以嗎？」他點了頭示意要我上車。

我沒有跟司機要求帶安全帽，因為我覺得要入境隨俗，也許這裡人都沒帶，安全帽就

只是象徵性掛在手把上而已。

芽莊的平交道跟臺灣早期一樣，沒有高架橋，就在平面道路上。不一樣的是臺灣的護欄會自動降下，而這裡的則是需要警察手動把柵欄從兩側拉出。我們停在平交道旁最前邊，警察佇立在柵欄中間。他一個眼神過來，我的司機彷彿是被美杜莎看到一樣的石化。

「可以……請你戴上安全帽嗎？」他把手把上的安全帽卸下並轉頭跟我說。我接過帽子並戴上。

火車過去，警察把柵欄往兩側推開，車群繼續流動。

司機往市區走，突然停在加油站前，我沒想太多，單純覺得可能就是剛好沒油了吧。油槍放入，然後拿出。

「你可以先借我 10 萬嗎？」司機轉過頭來對我說。

「嘎？」

「借我 10 萬？」

「你沒錢嗎……？」我疑惑著，怎麼會有人連加油的錢都付不出來。

「我身上的錢不夠。」

「抱歉，我不能借你。」我堅決不借，但他也似乎沒打算退讓。加油站員工乾等的站在旁邊。

「叭叭！叭叭！」後面排隊的摩托車不停的按著。

最後司機投降，從口袋裡拿出 10 萬越南盾交給員工，我們繼續上路。

接著出發不過 10 分鐘，我被放在一個陌生的街角。他示意要我下車，但我看了地圖還有 3 公里左右才到遺跡，我不明白為什麼他要停在這裡。

「給我 50 萬。」冷不防地開口跟我要錢，我擔心是我的英文聽力不好，再次跟他確認，他仍然說著要 50 萬才願意載我過去，不死心的我還拿出計算機讓他按，確實是這個數字。

「不是說好 20 萬嗎？」

「不對，是 50 萬。」此時我才發覺上當了，但我想就一個司機也沒啥好怕的。

「你當初說我想給多少就給多少，我說 20 萬，你也同意了，憑什麼現在跟我要這麼多？」不就是騙子嗎？我出國前早就有心裡準備了，也等著第一次的挑戰出現。正當我理直氣壯地回他時，身後突然多了三名男子，穿著跟司機差不多。他們四位將我圍住，用我

聽不懂的越南話對著我説。其中一名伸手向我討 50 萬，我雖然已經有點害怕的感覺，但我實在不想花那麼多的錢才只到市區而已。

　　我越堅持不給錢，他們就越激烈的對著我説話。我眼神不時飄向周圍，試圖找個路人幫忙，但遺憾的是他把我載到了一個無人的街角。好吧，我妥協了。

　　「30 萬可以嗎？」數字從我牙縫中鑽出，聲調是極其不願意的那種。

　　他們四個滴滴咕咕的討論著，雖然我聽不懂，但我猜想是在討論這個價錢是否可以接受吧。

　　「OK，30 萬。」

　　「那可以載我到遺跡那裡嗎？」

　　「那還是要 50 萬才行。」貪婪的四人獅子大開口，我氣得拿出 30 萬交給司機，並罵了一句 "Fuck you!" 然後離去。

　　我不知道該不該再找一臺車載我去，但又怕再次受騙，最後我決定背著包慢慢徒步過

在越南街頭時常看到這樣的小木偶，走到河內才知道這是越南著名的文化遺產

去。一想到才從臺灣出發四天就被騙，心裡覺得很嘔。

4/ 關於老外做愛那回事

安南古時皆漢語，相似不知明遺風。

會安又叫明城，大清帝國取代明朝時，有一批不願投降的漢人移民至此。當時的會安是安南國裡一座重要的港口，來往的商船裡，近的有中國日本，遠的有在大航海時代初期展露頭角的葡萄牙與西班牙，會安的繁榮那可不是一般。

這邊要說說室友的故事，一般青旅都是上下鋪床，然而會安這間卻是一人一張單人床，不用擔心起身會撞到頭或是下床要小心樓梯，本來一切都還不錯，直到那晚。

我們房間總共五張床，室友分別為兩位美國女孩以及兩位加拿大男孩，我們其實誰也不認識誰，但是加拿大男（簡稱 T）跟兩個美國女孩在酒酣耳熱之後卻意外的熱絡起來。

越南與中國邊境的歐式建築，在越南隨處可見法國殖民後的痕跡

他們三個夜夜笙歌，回來時總是戴著整身的酒味，另一名加拿大男（簡稱 S）直搖頭的向我解釋：「加拿大人很少這樣的。」

某晚，我跟 S 大概晚上十一點熄燈，突然一個開門聲：「噓！！小聲點，有人在睡了！」第一個進來的 T 叮嚀著後面的人。

"I Know!!!" 女孩們用氣音大力的回答。

房間的電燈被打開，濃濃酒臭味。他們想要小聲點，但喝醉的他們完全不受控制，想要壓低聲量卻像用喊的一樣。被吵醒的我，疲憊的看了一下手機，凌晨一點（到底想怎樣……）。畢竟青旅本來就要適應不同的人、不同的文化。我依然緊閉雙眼想辦法入睡。

聽說瞎子的耳朵非常靈敏是因為他們看不到，平時人如果眼睛閉著，耳朵也會比平時更靈敏一些。

我聽到隔壁那張床上傳出激情的嬌哆聲，為了證實跟我想的一樣，我偷偷地把眼睛睜開了一點，近視約五百度的我，矇矇矓矓的可以看出兩個人是交疊上下，搭配音效我可以很肯定他們正在做大事！為了看得更仔細，我又睜開一些，白皙的肌膚，濃密的手腳毛，我這房費值了！

另一側的 S 貌似也醒了，我想他拳頭也硬了，那對琴瑟合鳴的性佳偶聲音實在太大。我本來不想做出失禮的舉動，但他們竟打算拿道具來助興。

「那邊……啊啊……有個……保……特瓶……拿……拿……來。」

當他們拿到我的寶特瓶了時，我只好「醒來」中斷他們。

「抱歉，可不可以不要拿我的東西，我不是很在乎你們在幹嘛，你們可以放心繼續沒關係。」他們這時酒醒了，膽子也沒了，只好一分為二，作鳥獸散。

隔天早上旁邊的 S 抱怨著，還好不是怨我中斷謎片即將進入高潮這件事，而是怨他們沒有同理心。那天他搬出去了，我也沒想要繼續住下，便也出發前往下一個城市。

5/ 越南的呆丸人

「搭火車吧！」

捱過了第一週，這真的是這輩子最難熬的時刻，瘦了幾公斤不曉得，炎熱的太陽，晒得我照鏡子時都認不出自己了。

在出發越南之前，就已經跟在越南打拚的大學同學約好了見面。真的，我有一種急著

想看到熟人的迫切感。

峴港到河靜臺塑鋼廠沒有直達車，我想了 N+1 種方式過去，最後選擇火車。越南的火車只有一條，坐的人好像也不多。空蕩蕩的售票廳乏人問津，我把站名、時間、艙等都寫在紙上直接遞給售票員看，一語未發，很快就拿到車票。

上了車，沒幾個人，老舊的火車，木板椅子。天花板有電風扇，是很老舊、轉動還會發出聲響的那種。車廂間的門不是左右推，是向自己拉的。火車開動的時候，車門遲遲未關，我問了一下旁邊的小弟，他揮手說著："Ok, Ok, No problem!"

這一點也不 No problem 啊！還是這是他們日常生活的一部分？

我是按票上給的位置坐，當地人則是自己找了個空位坐下或躺下。火車上有免費的瓶裝水，旁邊小弟還特地拿了兩瓶給我。

看著窗外，越南曲折的海岸線彎彎曲曲的好像蛇道，把我的思緒也帶離了火車跟著海岸線走，想著不久前人都還待在臺灣喝著珍珠奶茶，現在竟然在一個如此陌生城市的火車上，手裡拿著瓶裝水，「多久沒喝飲料了我？」

那種沒有水只有飲料的日子怎麼感覺已經是很久以前的事情了。我重新審視自己，想著改變，拿出掛在胸前奶奶的照片對著窗外，「阿嬤，是海耶！」「妳很久沒看到海了吧。」想家了其實……

火車抵達榮市，我還得找巴士去河靜。同學說只要說「福爾摩沙」就會有人帶著你走（福爾摩沙是河靜鋼廠的暱稱）。我出火車站便向站外計程車司機問。

「欸……請問你知道福爾摩沙在哪嗎？」

「你要搭計程車嗎？」司機好像沒有懂我的意思，於是我再說一次。

「福爾摩沙？福爾摩沙？」

「搭計程車嗎？搭計程車嗎？」好吧……我放棄。

看著地圖，慢慢地走到附近的巴士站，我把福爾摩沙英文寫在紙上，向站裡的人詢問，他們交頭接耳的討論，我以為他們又要宰我了，結果只是討論哪臺車先出發讓我搭而已。

車上播著電影《圍城》，不過是越南配音，而且是一人聲音配到底，沒有情緒起伏，沒有抑揚頓挫，重點是背景的中文聲音完全可以聽到，這後製處理的也太差了啊！

巴士把我放在一個荒無人煙的公路上，司機手指著前方高聳建築：「There！

There！福爾摩沙。」

　　站在河靜鋼廠門口，兩個熟悉的面孔出現在眼前，我覺得好像離開世界很久了，頓時激動了起來，幾句寒暄，說著熟悉的語言，臺灣 IN VIETNAM！

　　我們在附近的餐廳吃飯，這是我在越南最好吃也最飽的一餐。也許我們在學校的話不多，但是在他鄉，話就自然上口了。我只待了短短幾小時，之後便搭車北上河內。

　　我的電量顯示：已滿。

寮國 Laos

永珍→龍坡邦→巴色

離開越南前的悠閒下午，我與 Yuuki 坐咖啡廳裡喝著咖啡，各做自己的事情，盡量找出最舒服的姿勢，偶爾分享各自對於工作、人生還有很多事情的看法。

Yuuki 出走旅行源於他對於目前的生活有些迷茫，也為了讓爺爺看看他的世界。而我對於人生或許沒有什麼迷惘，我清楚我喜歡什麼，然而真的想去實現夢想的時候總是會出現跌宕。

追求一件事情的感覺讓人開心，而不斷的追求可以讓人上癮。時而放棄，時而拾起，其快樂莫不勝過所追求的結果。

希望我的日本朋友可以看盡他想看的美景，而我透過他的 VR 盡收眼底。最後，持續地走，不斷地走，到家之前，都還不該毅然停止。

我們分別的那天，我往寮國，他則是去泰國。

1/ 沒有人天生是友善的

巴士停在邊境附近遲遲不動，車上的老外大概有十來個，不斷地大聲說話，他們本來也都互不認識，但因為都是白人，所以也就走得比較近。

越南的過夜巴士是臥鋪車，一人一張床，床頭向上傾角約 30 度，在夾角處有一個正方形盒子，裡面可以放鞋子與其他小物品。至於我們的登山包則是堆在巴士側邊的置物處。不知道巴士是超賣還是怎樣，上車的白人多於床位，所以不少白人只好直接躺在走道睡。

大概晚上七八點就出發了，到了邊境已經是早上五點多。海關人員似乎還沒上班，我們也就在車上繼續睡著。

好不容易等到海關人員開始上班我們才被叫下車。我以為過海關是自己拿著護照走過去辦理出境，沒想到我們的護照一本一本的被司機收走，同時還被要求繳一美元作代辦費，這樣到底算不算勒索？

沒多久我們被趕下車，被要求往海關辦公室去拿回自己的護照，這樣看起來應該是可

以自己拿著護照過來辦理，很有可能是海關跟司機串通好了分贓。

出了越南來到寮國，填寫完落地簽單子後就一直在等待。老外們聚集在一起，我則是一個人坐在地上等候。寮國簽證的費用是 35 美元，但由於寮國不承認臺灣，所以我們的簽證是貼在另外一張紙上，而這張紙必須額外付 5 美元。我是很不樂意的，但是發現加拿大必須支付 42 美元後心裡就比較平衡了。

等的時間久了，我便把海關周圍看了一遍。不論是越南還是寮國都非常破舊，辦公室小得完全不像政府的單位，很像電影裡走私毒品的時候會經過的關口，或是像某個黑道集團的入口。我四處張望，這邊除了山還是山，很荒涼，就是個不毛之地。寮國關外，就一根電線桿上面插著國旗。

等我回到辦公室時，聽到裡面傳來爭論的聲音，是一名匈牙利女孩跟海關人員在對話，似乎她希望可以用信用卡支付簽證費用，但海關人員不接受。

「沒錢就滾回去越南！」海關人員不耐煩地對著她說，而她也開始慌張了。

「可是我沒有現金啊……而且我沒有越南簽證回不去……」她轉頭看向剛剛還跟她熱絡聊天的那群人。

此刻突然大家都安靜了，沒有人幫她。他們默默的繳了錢拿回護照離開，她則是站在一旁啜泣著。（剛剛不是很熟嗎他們？怎麼談到錢就變陌生人了。）

輪到我付錢時，女孩還是站在窗口旁哭著（也就 35 美金吧！），我向海關人員說：「我幫她付吧。」

匈牙利女孩與海關人員睜大了眼看著我

「你確定嗎？她可能不會還你喔。」女孩聽到趕緊對我說：「拜託！我會還你的。」海關人員似乎不樂意我幫她付，但也沒辦法，只好恨恨地收下我的錢。

「真的是太謝謝你了！我等下領了錢就還你。」她開心的拿回護照走回巴士，讓我驚訝的是她竟然可以立刻跟那群拋棄她的老外們又聊起來。真是令人不解。

抵達永珍後，我們一同搭車到市區，她領了錢立刻還給我，離別前擁抱了我。此後很多朋友一直為我沒向她要臉書帳號而可惜，其實要與不要有什麼差別，我幫她不過是想打臉那些老外罷了。

2/ 路上

我搭乘長途夜班車，行駛在沒有柏油路的泥土路上，儘管我已經搭了不少次，還是會在中途醒來。我只在永珍待了一晚便往北去背包客都讚揚不已的龍坡邦。

寮國的臥鋪車是雙人床，很幸運的旁邊沒人。我睜開眼，望著窗外，整路只有我們一臺車，沒有路燈，只有車頭燈。我聽著音樂，手機裡只有兩年前左右放進去的音樂，是齊秦跟陳綺貞早期的作品。

我看著樹經過，看著一根根電線桿經過，我看著旁邊的場景被燈光一閃而過。頓時間，我才發現原來天空裡有閃爍著的星星。寮國的工業發展很差，或許沒有什麼汙染或光害。這景象稱不上美，但我已很久沒看過星星，這些年我一直忙著賺錢，都忘記抬頭了。

很多事情總不在計畫上，很多事情也總是事與願違，指的是未來的事，從前的願。我曾以為我會很早進入人生的下一個階段，也曾覺得距離只是一個單位，不會改變什麼也沒有什麼意義。我看著星星，發覺它們就像巴士裡的我們，彼此之間都看得到，卻不熟悉，彼此的距離很固定，不遠，卻很孤獨。

夜班車，夜晚，星星，沒有令人心煩意亂的事情在腦中，很自然的甦醒。齊秦滄桑的歌聲讓我發覺時間的飛逝，不，在我現在來看，時間沒有到飛逝這麼快，頂多就是流逝吧。

星星退場，迎來的是初光，剛好聽到陳綺貞的〈天天想你〉，我想的人可多了，在這樣的一個夜晚，我能不想起誰嗎？

3/ 再見再也不見：寮國的美好愛情就留在寮國吧！

「我要一張去永珍的票。」

「夜班車嗎？」

「不，我想想還是搭明天一早的好了，我想看看風景。」

「那……你還會回來嗎？」

「嗯……回來這裡嗎？還是指寮國？」她沒有說話，用手指比了地上。我一時也不知道該說什麼，聳聳肩：

「我也不知道！」

Noi 是我在龍坡邦住的青旅唯一負責人，這邊所有的事情都找她，而她只是一個 20 歲的小妹妹。

在寮國我遇到很多朋友，有不同的國籍，不同的年齡，也是我難得一個地方待這麼久的時間，龍坡邦就是這樣。

本來的計畫是兩天一夜，入住的那天，在櫃檯旁一個老頭向我搭話：

「你是臺灣還是中國？」

「嗯……我是臺灣人，不過大哥你這樣問不太好，中國人會不高興的。」他哈哈一笑，說他不管這麼多。

他是一個退休人士，新加坡人，在龍坡邦等待泰國簽證準備去偏鄉當志工。我們住在同一個房間，也因為語言上沒有隔閡，我們很快就聊上了，他要我稱呼他 Fhu。

人生有許多閱歷要靠自己填上，在旅館的大廳裡看著遊客來來去去，有騎車或騎腳踏車，也有豪華堅持只搭計程車的，不論哪一種都是一種方式。

在朋友的文章裡看到「旅行的看不起旅遊的，旅遊的看不起代購的，代購看不起窮遊的，窮遊看不起騎車徒步的，然後徒步大神看不起所有的！」這句話讀起來很順口，其實也暗暗帶出旅者的天然驕傲！

身為一個初學者，我自然驕傲不起來，跟著前人的腳步走讓我安心不少，聽著 Fhu 訴說他的人生閱歷，每天就到湄公河旁的酒吧喝著 Laos Beer，一晃眼我就待六天了。

本來跟 Noi 沒有很熟，隨著幾天的相處，我從吃外食變成她煮給我吃。為了回饋她的免費晚餐，我也開始在櫃檯幫忙招呼客人。她真的忙不過來，在網路急著招募換宿的人。

在我入住的第四天早上，突然聽到大廳響起老外的咆哮聲，我跟 Fhu 都好奇地往外一探究竟。一名金髮老外對著站在櫃檯後方正忙著做早餐的 Noi 大聲說話，似乎是對於退房時繳交房費有些意見。

「為什麼你用的匯率這麼差？」老外一臉憤怒的對著 Noi，她似乎被老外猙獰的表情給嚇著了。

「我們……匯率一直是固定的……」

「但是這幾天匯率很低啊，憑什麼要我用這麼差的匯率給妳。」

「那……你可以去外面換錢再回來付啊……」

「我要趕巴士沒空去換，妳給我好一點的匯率，快點！」

「抱……抱歉……」幾乎可以聽到老外爆筋理智線斷掉的聲音了。

「啪！」的一聲，一堆 Noi 找回給他的基普（寮國使用貨幣）重重的被砸在桌上。「F**K！我不要妳找的錢。」

當下，沒有猶豫也沒有遲疑，我直接走向前，整理好老外撒落在桌上的錢然後交給 Noi：「Noi，妳把他給的小費收好吧。」

老外無言地看著我們。

我則微笑的回了他：「還有其他事情嗎？」

吃悶虧的他一言不發的轉身就閃，幾天後在 Booking.com 的評分裡出現了 2.0 分的低分，為此我還向 Noi 道歉，不過她沒有怪我就是了。

「你要不要留下來……」當我在享用她剛做好的早餐時，她突然對我說。

「嗯……如果每天都吃得到這些，我真的會考慮喔！」

位於龍坡邦的關西瀑布是號稱寮國最美的千層蛋糕瀑布

Noi 開心的聲音都高了八度：「那你留下來，我每天做給你吃。」

我一直以為她是開開玩笑，我也每次都嘻笑的回她。

安靜的大廳響起周杰倫的歌曲：「哼哼哈兮！快使用雙節棍……」自從我開始進入櫃檯後，大廳不時會放出臺灣流行歌曲。

配著音樂，我們坐在大廳吃著晚餐，Fhu 笑問她未來有什麼計畫，她指著我：「我要嫁給他！」

這已經是她第二次這樣說，我想著該不會是認真的吧？一時我也不知道該回答什麼，只好微笑帶過。

離開的那天，她為了我辦了一個 Line 帳號，我成為她唯一的 Line 友。大廳再次響起臺灣的音樂，是我特地找給她的林強的〈向前走〉。

「那……你還會回來嗎？」

「嗯！會的！」

PS 事隔一年半，我再次回到旅館，請參考後記。

4/ 我絕對不會再做一樣的決定了

通往柬埔寨的路非常崎嶇，這是我在旅館裡頻頻聽到的消息。有直達車跟需要換兩臺車的票種，差別只在價錢，我想了想還是決定買直達車。賣我票的老闆不斷跟我保證是直達車，我也不疑有他的買了，誰知道這真是一場惡夢。

「哎呀，客人。不好意思啊，直達車出了點意外，現在只剩下另一家公司的車可以去柬埔寨。不會換很多次的，別擔心。對了，票根要記得不能丟。」我當場傻眼在旅館大廳。

零星幾個人上了一臺小巴（第一臺車），巴色離邊境不遠，但是路的品質很差，坑坑窪窪的考驗著司機的技術。不過半小時路程，抵達一個巴士站，此時離邊境不過兩公里。我茫然地等著，直到另一臺巴士前來。

「票根要記得不要弄丟。」司機拋下這句話就離我而去。

過了半小時，另一臺巴士出現，一群人下車，巴士離開，人留下。我們疑惑著接下來

的發展，巴士站員工過來檢查票根，把我們又扔進另一臺車（第二臺車）。當我以為這就是通往金邊的車了，才又發現我錯了。

車到了邊境被趕下車，步行前往海關辦理出境和入境。東南亞邊境海關的賄賂文化已久，我內心也是千百個不願意，然而排在我前面的一對老外拒絕賄賂海關時，海關人員「啪！」的一聲："Get out!"

頓時我慌了，趕緊拿出我僅有的寮幣握在手上。老外憤怒的到隊伍最末端重排，我則是主動上繳賄賂金：

"Money!"海關直接對我說。

「我身上全部就這麼多了，全給你吧……」希望我的孤注一擲可以成功，因為我寧可把寮幣用光也不輕易拿出美元。他看了我一眼迅速的把錢收走。

過了海關，我跟著幾名遊客走到不遠的雜貨店待著，在這裡我結識了一位未來成為我旅伴的黃大姐。她來自法國巴黎，是一位華僑，出生於柬埔寨。正值雙十年華的她遭遇了柬埔寨最黑暗的時期：紅色高棉政權。逃出柬埔寨的她，十年間與丈夫遊歷了寮國、泰國、義大利，最後落腳於法國巴黎，因為時勢所逼，為了生存，她必須學會不同國家的語言，最後她以精通八國語言的實力成為我朋友裡面語文能力的 No.1。

我們很是聊得來，也因為她會柬語，司機們對她倒是特別照顧，我也因愛烏及屋的得到照顧。在邊境換了柬埔寨籍的司機後，車又開了數小時（第三臺車）。車子突然停在一個巴士站，我看著 google 地圖距離金邊還有 300 公里，那為何要停在這兒呢？

一下車便看到幾十名老外在休息室等著，他們看著我的眼神似乎以為我們是來接他們的。我問了一位老外才知道，他們已經等了兩小時仍然沒有巴士來接，我再次茫然的放下背包。

不久黃大姐向我走來，悄悄的在我耳邊說著：

「司機說現在沒有巴士，等下他會開一臺小巴過來載我們去另一個城市搭車，但是小巴只能載六七個人，你跟緊我，司機會停在後門……」

我拎起背包趕緊往後門走，果然一臺小巴停在那兒。上面坐了司機跟司機朋友，還有另兩名柬籍華僑，我為我的幸運感到開心（第四臺車）。

車子發動，老舊的引擎發出誇張大的聲響。突然遠處掀起塵煙，一群老外背著包快步流星的過來。老舊的氣閥跟不上司機的按鈕，門沒來得及關上，幾名老外便已衝進巴士，

好像搶到通往天堂的門票一樣，喜得合不攏嘴。

至於沒上車的則是咒罵著司機，不斷與司機言語交鋒，可惜最後司機還是全都拒絕了他們，理由是巴士只能坐不能站，老外們忿忿地離去。

車子來到另一個城市，天已漸暗，距離剩不到 200 公里。下了車，我們再次被分組換上不同的小巴（第五臺車），我自然知道要跟緊黃大姐。

換了一臺更小的八人座，這是這趟最後一臺車也是最驚險的一臺車。首先司機是個不到二十歲的胖子（我稱呼他小胖）。我環顧車子一圈，發現遠燈是壞的，雨刷是壞的，後照燈也是壞的，這些表象是我可以明顯看出來的，其餘還有啥故障我真的不想面對。

陰暗的天空落下了雨。沿著山與海，單向卻要作雙向用的路，車上一名中國商人罵著司機要求回頭。

雨勢驟大，小胖與副駕駛開了窗，用繩子一邊綁著一支雨刷，「手動式」的雨刷我這輩子沒見過，一邊拉完換邊拉。當我心裡想著這種路也太危險了，我們就像會走路的炸彈，隨時可能爆炸，然後我馬上就看到前方路邊有追撞的事故。

那天，我早上九點出發。那晚，我凌晨一點才到市區……

疲憊的走到旅館門口，大力的敲著門。約莫幾分鐘後，一名員工出現，問我有訂位嗎？

「有的……但訂的是昨天的……」

我發誓，我不會再做一樣的決定了！

柬埔寨 Cambodia

金邊→暹粒

1/ 欸，今晚我是你第幾個客人？

柬埔寨金邊中央市場附近的酒吧街，當你經過時，兩旁穿著豔麗的酒吧小姐會不斷地呼喚你，當然，她們也不是隨便什麼人經過都勾，她們會挑，看起來有錢的，穿著打扮不錯的，最慘最慘至少也要看得順眼，我沒想過入她們眼內，可偏偏就被挑中了。

我與前同事小 B 穿梭在金邊街頭，在我出發前就與他約好一同遊吳哥窟，所以我在金邊住了幾天等他到來。來的第一天我帶他四處逛逛。聽說金邊是老外的天堂，很多已白了髮的老外在酒吧街像是遊蕩，然後那個叫的最來勁的小姐將有機會得到他們的青睞。

那晚，我們也在那條街上，當然不會期待有人對我們招手。結果就在一臺暴衝的車從我身後開過來的同時，出現一隻手拉住了我把我拉向旁邊，我抬頭一看是個小姐，身高跟我差不多，穿著靚麗，長輩呼之欲出。

「你沒事吧？」

「沒事，謝謝妳啊！」

我轉身要走，她卻仍拉著我手，「你要不要進酒吧喝一杯呀？」真沒想到我也有被約的可能，不過我並不打算花多餘的錢在這些非必要的地方上，「抱歉，我已經喝醉了，想回家了。」「那你有沒有電話之類的呢？」她把手機拿出來並指著那些熟悉的 APP 像是 LINE、臉書還是微信之類的，最後我留了 LINE 帳號，我們就回旅館了。

隔天晚上，她突然傳來訊息說要約我，我心想這會是騙局嗎？但是轉念一想出國不就是為了體驗不同生活嗎？！於是我跟小 B 知會一聲：

「幹嘛……？要借房間是嗎？我可以自已出去走走沒關係啦。」小 B 不懷好意地笑著。

「不是啦！昨天那個女的約我，我出去一下，如果太久沒回來，記得出來找我啊！」

我拿好錢，心想絕不能被拉進酒吧裡！當我下樓時她已經在大廳等著了，大廳裡的老外估計沒想到她找的是我。我們沿著河岸走著，我問了很多關於她們那個行業的事情，問她們是不是都比較喜歡老外呢？答案跟我想的一樣，但她後面補充了一句，她比較喜歡亞洲人。

走著走著我們到了酒吧街，她帶我看了他們的工作環境，我們在酒吧外的小桌子坐下，我說不喝酒，於是她點了兩杯可樂，我確定可樂是全新未開過才安心喝下。

她跟我說了很多她自己的事。有著煙嗓的她，這些內容聽起來格外真實（不知真假），但其實她年紀也才 21 歲（也不能確定真偽）。

「你還會在金邊待多久呢？」

「明天早上我就離開了，我們要去暹粒。」

「那你還會回來嗎？」我心想怎麼每個都喜歡問我這個。「不知道啊，這種事情很難說的，也許會也許不會。」

「你如果回來就把我帶走吧。」

「為什麼要帶走，妳不喜歡這裡嗎？」

「嗯……不喜歡，我覺得待在這裡一點希望都沒有。」

「妳會遇到希望的……我相信。」

她拿出錢把可樂的費用給付了，「不用的，我付就好，因為妳是我的客人。」這句話讓我啼笑皆非，她的工作不就是讓她的客人掏錢嗎？結果反而是我讓她請了。本來對她的印象還處在她想騙我的感覺上，現在倒覺得她可能是累了找個人聊天吧！她把我送回旅館才離去，「你如果回來就把我帶走吧。」她重複說著這句話，就像冰冷的手掌想靠近火堆取暖，她是真的很想離開這裡。

隔天一早，我收拾著行李，突然一通視訊電話打來，是她，電話響了幾十秒，我想了想，拿起手機，按下拒絕鍵，跟著小 B 搭上往暹粒的巴士。

對了，她的名字叫 Pich。

2/ 大麻口味的 HAPPY PIZZA

暹粒除了有舉世聞名的吳哥窟，還有很多讓老外趨之若鶩的誘因在。比如夜生活，比如性生活。比如一些在他國是違法的，這裡卻是合法掩飾非法。

我們住的旅館是一間很不錯的青旅，我與小 B 入住的那天，另外有一位華人也住了進來。

「你好？」

「啊？你好你好。」

「你們是哪裡來的？」

「我們是臺灣來的。」

「喔喔，你好，我是從廣州來的。」

「你一個人來玩呀？」

「不是，我還有另外四個朋友，不過他們住的太貴了，所以我搬來青旅住。」

「嗯嗯嗯，我們兩個是朋友，我叫迷斯，他叫小 B。」

「你們好，我叫勝杰。」

這是我們與勝杰的相遇，接下來的故事沒有他不行，他是另一場「好戲」的主角之一。我與小 B 買的是吳哥窟三日券，所以我們連續三天都進吳哥窟參觀。勝杰與他的小夥伴買七日券，使用期限是一個月，所以他們不急進去。

我一直沒有機會與他那四個夥伴碰面，直到第三晚，勝杰邀約我們共進晚餐。那天晚上吃完，他們繼續在酒吧玩下去，我們則是因為隔天還有吳哥窟行程先回旅館。也是那天晚上，他們那一夥人不計較後果的狂歡釀下了後面的一連串的錯誤。

隔天一早，我們準備出門，看著對面床上勝杰毫無動靜的躺著。

「嘿，前幾天我們起床都會吵到他，今天倒沒有，也睡得太沉了。」

「他們昨天不是去酒吧嗎？可能玩的很晚，太累了。」

「嗯，也是，那我們走吧。」

「嗯嗯嗯。」

我們兩個人輪流騎車，烈日炎炎，酷暑難耐。五月的柬埔寨好似熱鍋，而我們就是上面的螞蟻。跑完所有行程後，大概下午四點多回到旅館。

「……欸……小 B，你有沒有覺得……勝杰的動作好像都沒有變過……」

「……」

「還是我想太多了……」趕緊走過去嘗試搖醒他。

「大力點試試看。」

「嗯。」

「嗚嗯……」勝杰發出了令人安心的聲音。「你們……？」勝杰疑惑的看著我們。

「已經下午四點多了，你怎麼還沒醒？」

「嗯……這威力……也太他媽的強了。」

我們從勝杰的狀態大概就已經猜出他們昨晚幹了什麼好事了。

「我得打電話問問其他人。」氣若游絲般的聲音勉強的從聖杰口中發出。

我與小 B 在旁邊等待著他電話那頭的狀況。

「他們有三個在醫院，有一個在旅館也是剛剛醒來。我得去醫院一趟，有一位今天晚上七點的飛機，但是她還沒醒，我得去叫她起床……」勝杰拖著疲憊的身體換了衣服，急忙的出門。

勝杰與他四個小夥伴在昨晚與我們分別後到了另一間餐廳，他們點了一道有點 "SPECIAL" 的 pizza，這個 special 不是菜單上的選項，但卻是來這尋歡的遊客都知道的菜單。

那要怎麼點這道菜呢？

很簡單，點菜的時候，必須跟店員說出關鍵字眼：

"I want some happy!"（我想要來點快樂！）

這時店員會跟你二次確認：

"Are you sure you want happy?"（你確定要來點快樂嗎？）

"Yes!"（是的！）

基本上這樣就搞定了，然後就是談價錢，價錢跟添加量是成正比的。

不過通常店員不會這麼爽快就答應的，因為這東西在那邊是違法的，所以他們也擔心「有心人士」去舉報他們。

這個名為 happy 的神祕小物就是「大麻」，在 pizza 上面撒上大麻是這邊享譽中外的地下料理。當然不只 pizza，其他料理也可以。

那晚他們點了三個 12 吋的 happy pizza，吃完後聲稱一點感覺都沒有。他們覺得太不high 了，到了酒吧又各自點了一杯摻有大麻的調酒，這可謂重中之重。液體加速了身體吸收，當酒精揮發後，殘留在體內的大麻比例就上升了，何況他們還先吃了 pizza。

那天晚上，勝杰吐了又吐，當然我們沒看到，因為他回旅館直接奔廁所。更慘的是他的小夥伴。其中二位女性朋友，在旅館睡到凌晨三點突然感覺天旋地轉，也跑去廁所吐了一遍，還是覺得身體痛苦難耐，把另一名睡夢中的女性友人（楊洋）喚醒。

「欸欸……帶我們去醫院。」就這樣，楊洋帶著兩名傷兵前往醫院。然後到了醫院她自己也發現好像開始發作了……

「請問還有床位嗎？」最後她也躺進醫院了。至於另一名朋友沒有到醫院的則是在旅館吐完，昏睡到隔天下午五點。

回到今天，勝杰趕到醫院。他們把在醫院昏睡的朋友叫起，醒來的時候也是一副不知道自己在何方的樣子。她七點的飛機，勝杰與楊洋直接背著她，另一名朋友把她放在旅館的行李帶來。然後在路上攔了一臺計程車，摔進車內，跟司機説：

「快點帶她到機場！！」

後來聽説那女子完全沒有印象自己怎麼通過安檢，通過海關，上飛機這事情。她唯一記得的事情就是下了飛機後，直接打車到醫院，洗胃去了。

聽完他們的瘋狂故事後，我們也決定去嘗試一下。就在勝杰她們體驗完的隔天，我們在一間小店鋪裡面，一樣點了摻了 happy 的 pizza。

"I want some happy!"（我想要來點快樂！）

這時店員會跟你二次確認：

"Are you sure you want happy?"（你確定要來點快樂嗎？）

"Yes!"（是的！）

談完價格後等著上菜。

在 pizza 上桌之前，我們點了一杯酒喝。等 pizza 上桌後，其實我們也看不太出來老闆加了多少。我們兩一人一半，把 pizza 吃光。

起初確實真的一點感覺也沒有，我們甚至懷疑老闆是不是收了錢沒做事。回到旅館一直到睡前都沒有特別的感覺。我這時也可以明白為啥勝杰他們會覺得不 high 了。但是事情就發生在凌晨三點左右……

我記得當時我睡得很沉，但突然感覺到晃動。由於我是睡上鋪，所以晃動特別明顯。我恍惚的睜開眼睛，看到小 B 癱在我床緣，説了一句：

「我不行了……」然後就衝出門外往廁所去。

我立刻明白事情的狀況，跳下床，也往廁所走。沒想到才走第一步就發現不對勁。

「哪一個才是真正的門……」我眼前出現起碼有三道門，不是我沒戴眼鏡的問題，是真的就三道門。

除此之外，我還覺得天旋地轉。我記得以前在公司曾經聚餐喝得爛醉，但都沒這次誇張。我這次是舉步艱難。我利用身體去靠著牆壁，慢慢地往外面走，由於視覺已經失去了判斷力，我只能靠觸覺。我覺得我花了五分鐘才從床走到門口。

出了門，廁所在旁邊。走進廁所，只聽到「額！！！！！！！！！！！，啊額！！！！！！！！！！！！！！！！！！！！！」然後進入眼簾的是好幾個小 B 抱著好幾個馬桶的畫面。

我慢慢的走到正確的小 B 旁邊：「你沒事吧？」

「我不行了……要死了……要死了……」

「你為什麼要把我叫起來……」我埋怨的說著。

我看著他吐到沒東西後，問他要不要回房間，他只搖頭，一句也沒回我。我漸漸的清醒，想把他扶起來，結果發現我手臂根本沒力。只好先雙手拖著他的肩，拉到門口後，再從他背後抱著他，我背靠著牆壁出力，借力使力才把他給撐起來。

我們一步一步的往房間走，結果沒走到房間門口，他突然一句：「不行了……」又衝回廁所。

我當時真感覺像世界末日。走回廁所，又看到好幾個小 B 抱著好幾個馬桶的畫面。找到正確的他後，確定他不吐了，再次挑戰把他扶起。但這次我連拖他的力氣都沒有了。

我鑽到他胸前，用類似把重機撐起的那個動作，靠我的背把他給撐起來。

「我不能離開這裡……」小 B 用殘餘的一口氣說出。

「總不能睡在這裡吧？」我疑惑的回他話，但我發現他已經用完他的「扣打」，接下來他只剩下搖頭的功能。好吧，我也真的站不起來，天啊，我怎麼全身無力。

我用爬的爬出馬桶間，留小 B 一人在裡面，我則是守在馬桶間外。就這樣到了早上，一名進來刷牙的老外驚醒了我。

"Are you OK?"

"Yes…"

"Your friend OK?" 他指著馬桶間的小 B 問著。

"I hope so…" 我看了一下手機已然早上六點。

嘗試著叫醒小 B，他似乎也清醒了些，然後我們才回到房間休息。大概早上十點吧，我們起來梳洗。

　　「這件事情不能說出去，就埋藏在這裡吧！」小 B 看著鏡中的我說著。

　　「嗯……」

泰國 Thailand

曼谷→阿育陀耶→彭世洛→清邁→曼谷→甲米→合艾→宋卡

1/ 泰柬邊界

泰國與柬埔寨的邊境像菜市場，一不小心就會錯過。被趕下車的我們，背著行囊，茫然的我不知該往哪走，緊跟著同車的旅客。我們停在一間不起眼的小房間前，我是遲疑的，但看著有人進出，我也不想太多，過去看看就是了。

簡陋的海關，手續出奇的簡單，按壓手指完就等於出境了，沒有賄賂，難道是因為入境時已經被收過錢了所以出境不用嗎？說起來寮國也是入境時不收出境就收，越南則是入境不收出境收，這之間的關係真是令人覺得有趣。

離開柬埔寨海關往前再走 100 公尺抵達泰國海關，辦理完入境後我又茫然了，因為沒看到說好的巴士，一眼望去只有叫賣的臺車，雜貨店與大賣場。由於往前的路也只有一條，所以我也只能往前走。

「曼谷、曼谷！」遠方傳來叫聲。

我趕緊往聲音走去。一位戴著鴨舌帽的人問我是不是去曼谷，我拿出我的巴士票，他點頭表示跟他走。

我獨自地在那兒等著，而那人則是來回一樣的方式拉了一些老外過來。大約湊齊了七八人，我們搭上一臺嘟嘟車，載著我們到一間餐廳把我們放下。司機示意我們在裡面等著，然後他與餐廳的員工一同用餐，接著找個地方躺著就睡。

這一等就是兩小時起跳，有的人等著等著餓了就點餐吃。差不多八成的人都點過餐（雖然員工頻頻遞菜單給我，但我就是堅持不吃。），司機突然醒來，拿起電話嘀咕幾聲，半小時左右，一臺巴士出現在門口，我們這才離開。回頭想想剛剛在餐廳的事情，有種參加低價團變相購物的感覺。

早上出發的時間大約是八點，抵達的時間是晚上九點。入住的旅館已有認識的朋友，一位我在柬埔寨認識的朋友：江楊洋。

一天沒東西入肚的我，請她帶我隨便吃個消夜。有人等的感覺真好，有人一起吃飯聊天的感覺真好。

2/ 泰悠聞

五月的泰國是雨季，雨水灌溉城市，行路的機車只露出半個輪胎。我們總是等著雨停，然後出門。

楊洋是我在柬埔寨認識的中國背包客，她，是一名同性戀者。

來自成都的她有著男生般的短髮，方臉小眼睛，一副圓形細框眼鏡很搶戲。她的眼神不俐落而溫暖，她的聲音低沉嘶啞，我想是抽菸造成的吧。我們認識的時候她是一個人，向老闆遞出辭職信之後便出走流浪。

我們在柬埔寨透過勝杰認識，就碰到一天。下一次的相遇在曼谷，在一間青旅裡。她站在大廳外叼菸，我一眼就認出她。

「妳是同性戀嗎？」有天我問她。

沒想到她很乾脆的回我：「我是啊。」

「那妳交過女朋友嗎？」通常這是我下一個問題，也要熟才會問。

「哈，有啊，不過……現在單身，我們的感情都不久……你懂的。」

「妳在公司跟同事相處好嗎？」

「你覺得會不好嗎？哈。她們都把我當男的看，雖然我是嗯嗯嗯……不過總體來說，我並沒有感覺到不好的時候。唯一有意見的就是我媽吧，只有她希望我不是她想的那樣，但我是，哈，所以我逃出來了。我聽說臺灣同志可以結婚，如果有天我要登記，我就過去臺灣。」

楊洋在泰國南部甲米鎮的一個牧場報名了義工服務，奇特的是這項義工拿不到任何薪水還得自己付住宿費，而這個義工也不是什麼公益組織，單純只是私人的牧場然後需要義工幫忙，打著「體驗牧場生活」的招牌，還真的有不少人報名。隔天我們分手，我往北方走，她則往南方去當免費的義（勞）工。

泰國雖然沒有國教，不過國王必須是佛教徒。占九成比例的人口，佛寺廟密集散落在大城小市。我前往泰國的時間剛好是拉瑪九世蒲美蓬逝世半年左右，全國人民仍然在悲痛之中。參觀佛寺的同時，也會看到國王的照片高掛在牆上供人瞻仰。事實上家家戶戶大概也都有國王的照片，這應該是少數受百姓愛戴的國王吧。

我徘徊在幾個比較有名的街道，頓時覺得曼谷也滿無聊的。之前聽朋友說曼谷光是賣

場就足以逛好幾天，但對於不購物的我，這裡一天就差不多了。

我記得小的時候，臺灣有很多泰勞（現在是越勞、印尼勞比較多），有一次我走在臺中火車站附近，兩名泰勞故意靠近我，當時我還是個高中生，身高剛從國中的 150 公分增加到 160 公分左右。他們試圖要打開我的書包，我趕緊把書包從後面轉到前面並用手擋著。我害怕的腳步漸快，他們也跟著加速，一直到火車站月臺才離我而去，每次想到這件事情，都讓我對泰國人的印象不是很好。

離開曼谷前往阿育陀耶（臺灣翻作大城）。大城王朝在十四世紀到十八世紀曾經稱霸泰國中部，而大城作為首都曾經盛極一時。

在大城的一座寺廟裡，也許是地震，也許是天意，一尊佛像突然出現裂痕，撐不住重量而落地，而佛頭竟無損地落在草地上。經過百年時間，草地長出了樹，樹枝盤根在佛頭上，把佛頭漸漸地往天空延伸。如今佛頭的高度約 100 公分，無數的虔誠者到此參拜。為了表示尊敬，無人超越佛的高度，在佛祖面前我們只能肘步膝行。

3/ 不是每個好的結局都有好的開始

目前已經走了四個國家，而泰國是我第一個碰到穆斯林的國家。雖然臺灣也有一些移工是來自於印尼或菲律賓這些穆斯林國家，不過大部分對穆斯林的印象還是來自於電視或網路媒體。

我印象中的穆斯林女性是只露雙眼，其餘部分都是包起來的。但是在臺灣的移工並不是這款的，其實我還真沒有實際看過那樣的。

這次來到泰國南部，發現路上就有很多包全身的穆斯林，頓時腦海裡有了中東的想像。不過這裡不是戰亂的中東，是泰國。

我們到的地方叫甲米，是個沿海城市。不過更多的人可能知道的是甲米旁邊的普吉島。

甲米在普吉島耀眼的光芒下顯得黯淡。我們停留在這兒的原因其實也不是因為大海沙灘還是海島風景，純粹就是巴士從曼谷到這已經花了一宿的時間，我們必須要找地方休息才行。

黃大姐是個熱愛海灘的人，一到了海邊，她就成了 18 歲的少女，可以穿上隨時準備好的泳裝，任誰也想不到她已年過 60 卻保有如此童心。這種觀念在華人社會裡也看不

到，只有洋人才會這麼開放，這麼不在乎年齡。黃大姐喝了太多洋墨水，所以也開放了。

我們搭往海邊的巴士，在車上，大姐說著她的故事：

「那年跟我老公逃離了柬埔寨……，當時如果留下來可能活不了。」

事實上我在臺灣柬埔寨教育中心的時候就問過那些小朋友學生，他們說爺爺在紅色高棉時期都必須騙官兵自己不是華人，不會說中文。凡是戴眼鏡的人都被視為知識分子而慘遭殺害。那是個恐怖的時代。

大姐繼續說著……

「我們逃到寮國，當時有很多人都逃到寮國，靠近泰國的就逃到泰國，靠近越南的就去越南。我們就像難民……不，應該說我們就是難民，住在政府提供的房子。

「沒多久，我們繼續逃難，逃進了泰國。在泰國的生活好多了，有聯合國的幫忙，我們住的好一些，也有配給食物。

「我們在泰國待了好一陣子，等著聯合國幫我們移民到歐美國家，我們的選擇雖然很多，但是都有一些條件，譬如身體狀況要好才能去法國、美國等等。當時我老公身體不好，無法通過一些檢測，所以我們選了條件相對較寬鬆的義大利。在義大利我們被一位神父收留，有房有車，我還可以合法工作。在那裡我們生了第一個小孩。

「有天我們瞞著神父，帶著護照跟錢，還有一些有價值方便攜帶的物品。我們全家人偷渡到法國，當神父問起，我們總說是旅遊，過段時間我們就回去，但是我們並沒有回去。

「我們把所有的身分證明文件都丟棄，重新向法國政府申請了難民收留，政府查不到我們從義大利來。

「很順利的我們拿到新的身分。我的法國身分證上面寫著生日 1 月 1 號，在申請時我自己填的。我不太記得我的生日，那就把一年的第一天當作生日吧！我們在唐人街住下，我順利的找到工作，我們終於穩定了。這一年距離我逃出柬埔寨已有十年了……，這一年柬埔寨還沒從紅色高棉的迫害逃出來。」

車子繼續在石頭路上走，我跟小雅聽著大姐的故事：

「啊！我們在寮國柬埔寨邊境碰到的那天，妳是為什麼去寮國跟柬埔寨呀？」我突然想到我們相遇的那天，她與兩位華人出現在寮柬邊境。

「我跟幾個一樣在法國的柬埔寨華人回去寮國掃墓，當時我們逃到寮國後，很快的找

到一樣從柬埔寨逃出來的人，沒有親人的我們，從此就成了彼此的親人。有些人因為生活條件太差而死去，對我們來說就像親人走了一樣，他們的屍體就葬在寮國，墓也在寮國，我們有時間就回來看看他們。我們逃出去了，他們沒有，他們也算是客死他鄉，希望我們的探望可以讓他們不要太思鄉。」

「那……大姐妳的家人呢？」

「我也不知道，可能都死了吧。」

「妳有試著找過他們嗎？」

「有啊，在法國穩定後，我們回去柬埔寨很多次，我想找我的家人，但是一樣的地址已經是不一樣的樣貌。我透過報紙、網路還有一些後期逃出來的鄰居去探聽消息，但都沒有關於家人活著的消息，我想他們可能都死了。現在我唯一的親人就是我的小孩，我丈夫在十年前也走了。」

聽到這邊我內心默默的哀悼著，我不能想像沒有家人的感覺，也不能想像這樣逃難十年的生活。

如今柬埔寨已經算和平了，而中東那邊又掀起災難，無數的人流離失所逃進歐洲，我曾經覺得他們離我很遠，就像不同世界的人；而如今我覺得他們隨時就在我身邊。

4/ 入境就愛找麻煩

在甲米待了三天，其中一天與在農場打工的楊洋碰了面，除了問候之外還一起逛了甲米夜市。我想這應該是我們最後一次碰到，至少今年是這樣。

最後一天早上，我們搭上巴士往邊境的城市，合艾。因為這是前往馬來西亞必須經過的城市。在出發前習慣的看一下外交部發布的旅遊顏色狀況，發現泰國南部被列為應該避免前往，理由是近期發生穆斯林爆炸事件。但即便如此我們還是必須前往。我們有三個人，互相照應應該是沒有問題的。

巴士抵達合艾巴士站，作為唯一的男生，我負責所有的交通，在離開巴士站前，我先問好到邊境的資訊，除此之外還問了到宋卡的巴士時間跟價錢。去宋卡是為了幫小雅辦理入境馬來西亞的簽證。

說起來也好笑，中國人在辦理馬來簽證竟然有規定必須在國內辦好，而且必須從國內

飛出來才行。在他們的簽證上面會有 "by Air Only" 的字樣，也因為這行字限制了他們只能空進，不能陸進。

我們在曼谷的大使館被拒絕後便考慮到邊境辦理。這是一個經驗法則，通常邊境的大使館都比較寬鬆。我們抱持大不了不去馬來西亞的想法來到合艾。

下榻旅館後，隔天特地起了個早，大概七點四十就搭車去宋卡，一路上司機路邊停車等待乘客，大概九點才到宋卡。

宋卡位於合艾東北方向，有狹長的海岸線，東邊臨泰國灣，西鄰宋卡湖。我們在離大使館 1 公里的位置下車，因為司機實在聽不懂我們說什麼，所以我們就隨便找個地方下車。

當我們詢問大使館員工中國人能否在這裡辦理簽證時，他竟然問了我們：

「你們怎麼不去曼谷的辦呢？」這邊都還是英文對話。

「呃⋯⋯曼谷的不給辦啊。」

「按規定，中國人不能這樣辦，你們得從中國飛過去馬來西亞。」這邊也還是英文對話。

「我們明白，所以才特地來到這裡試試看。也許有其他辦法可以通融。」這時我從口袋裡拿出 10 美元，故作鎮定的（把錢藏在手心裡）默默的往櫃檯裡面伸去。

他很懂事的接過我手上的紙張，突然像是遙控切換聲道一樣，說起了中文。

「理論上啊，中國人只能在國內辦好，不過我們這邊沒有一定要這樣，如果你堅持要辦也是可以辦理，只是你得等一天的批查還有被拒簽的心理準備。」

「那就再麻煩您幫我們了。」後來的對話都變成中文了。

拒簽了再說吧，我們提出了申請。其中需要準備的資料有一項為回程機票，我把我飛尼泊爾的機票名字改成小雅讓她蒙混闖關，同時我跟員工特別再三的強調千萬不要在簽證上面蓋上 "by Air Only" 的字樣。員工輕輕的點了頭：「我懂。」

我們滿心歡喜的離去，在宋卡的海邊閒晃，一掃在曼谷被拒絕的陰霾。

隔天再回到宋卡大使館，很幸運的簽證過了，也沒有 "by Air Only" 的字樣，我還因此寫了一篇攻略留在背包客棧！

拿到簽證的那天我們立馬趕回合艾巴士站。巴士站有到邊境跟直接到檳城的巴士，價

錢是 50 跟 450 泰銖。我們當然是選擇便宜的方式。上了小巴，司機要我們抱著背包坐，我問為什麼不能放在後面，他說要另外買位置給行李才行。好吧，這就是個坑，反正路程才 1 小時，就抱著吧。

泰國的邊境很輕易的放我們過去，馬來西亞那邊就不是如此。

為了防止意外發生，我讓黃大姐跟小雅排在我前面先過。黃大姐持法國護照順利過關，持著中國護照的小雅就不這麼順利，海關人員看了又看，問我們要去哪兒？要幹嘛？待多久？而且那個臉超級臭，表示中國人不能這樣過去，一句英文也不會的小雅自然需要我的幫忙。

我表示小雅有申請簽證，而且有指明我們要陸路過關，然而海關還是不願意放過小雅。僵持了幾分鐘，一個看起來有點資深的官員走來，把小雅叫去旁邊的辦公室，為了確保她可以順利入境，我也脫離了隊伍跟著她進辦公室，儘管海關人員在我身後叫著，我仍然必須確定小雅跟大姐都可以入境了，我才入境。

我一進辦公室，裡面的長官就要求我出去。

「你不可以待在這裡。」

「呃……但是她……」

「請你出去。」

「但是她……不會英文啊。」

長官一臉不屑的臉看著我。

「你也是從『中國』來的嗎？你有簽證嗎？」

「我是免簽喔。」

「為什麼？」

「我是臺灣人啊，還有你不讓我在這兒，她一句英文都不會，你要怎麼問她問題？」

「好吧……」

我把她的離境機票、簽證還有旅館訂單都交給長官。

「規定就是規定，中國人不能這樣過！」長官堅持不讓通過。

「如果她要從這裡過，需要辦理一些文件，那要花很多時間，如果你們要等就在這裡等。」

我聽完感覺他就是想要我們賄賂他吧？！但是我們都覺得沒必要，簽證明明是沒問題

的。

　　「所有的資料都有準備，而且簽證也沒有指明一定要用『飛』的方式進入。」

　　長官沉默不語，默默地拿起電話撥了出去。

　　我聽見他打給宋卡大使館，詢問著簽證的發放問題，核對了所有的細節，最後無奈地放下電話。

　　「好吧……她可以入境。」入境後，我們心裡只有開心，尤其小雅更是開心。

　　我們往火車站走，本來想買 18：25 的火車到檳城，但是海關人員說火車走了，我看了錶明明還是 17：40 怎麼就走了，看了他身後的時鐘才想到馬來西亞快泰國一小時，現在已經 18：40 了，最後買了 19：25 的火車往檳城北海站。

清萊白廟是泰北最知名景點，從
清邁就可以直接報名一日遊參訪

馬來西亞 Malaysia

檳城→吉隆坡→麻六甲→怡保→新加坡→吉隆坡

1/ 與印度人過招就是不能太認真

夜晚的檳城像極了上世紀七八十年代的中國風，穿插幾幢英式建築與幾撮金髮碧眼，當地人都去哪了？！

下了火車，抵達檳城的火車站已經晚上九點多。檳城喬治市需要渡海，所以我們往碼頭走，每遇到一個工作人員就問一次位置。有位員工跟我們說搭船只能使用馬來幣，聽說巴士站可以換，我們就去巴士站。我們用十泰銖換一馬幣，完全不知道這個匯率好不好（後來發現其實只要 8.5 泰銖就夠了），總之我們換了五十元馬幣。拿著零錢再去找剛剛的碼頭人員，繳了錢，上船。

船上隨處可見老鼠在船頂爬行，這免費的乘客還大肆隨意走動，可我不能跟大姐還有小雅說，畢竟大多數女生都不能接受這種東西，看了會尖叫。

大概航行十分鐘左右就抵達檳城喬治市港口。下了港口，我們往便宜的旅館走，一路上看到很多老外坐在路上的小攤販喝酒聊天，幾乎沒有當地人。天空關了燈，但是喧囂點亮了街角，老外配洋房沒有違和感。我們過了很多街道，到了隔天早上才知道，我們經過了印度區跟華人區，但是晚上幾乎都沒有看到印度人就是。

我們想找的旅館很難找，沒有招牌，只有在兩間房子中間的樓梯鐵門上貼著一張紙：某某旅館請往樓梯走。員工是印度人。我跟印度人詢問價錢時，好幾次我真的聽不懂他說啥，不過最後還是殺價成功了，我們住了四人房，一人只要 20 馬幣。不過 WiFi 必須到隔壁街的旅館借用，為了補償沒有網路，我們得到了早餐，也是不錯。

旅館才開張一週，很多東西都沒有，沒床單，沒棉被跟枕頭。他們從一個黑色半透明袋子慢慢拿出床具。整層樓只住了幾個印度人跟兩個洋人。晚上十二點我們出門買水，街上依然熱鬧。

隔天吃完早餐，我們在古城區繞繞，這邊除了可以使用中文還可以講臺語，因為這邊很多潮州人移民過來，潮州話跟臺語有點像，所以可以溝通。

我們一早先到小印度區換錢，發現換匯所都沒有提供匯率，必須直接談，這感覺來到

了黑市，根據我們換多少來調整匯率。後來發覺很多國家只要有印度人都可以這樣談。

為了幫黃大姐買飛尼泊爾的機票，我們走進一間旅行社，裡面坐著一個印度人。我們說明來意後，他也很 OK 說可以幫我們。就在機票訂好後在螢幕上秀給我看時，我看了下，趕緊攔住大姐付錢，上面登機人的名字拼錯了。

「不好意思，你名字拼錯了，可以改一下嗎？」

「呃……不用改，錯的也是可以搭飛機。」

「我沒聽過錯了還可以搭飛機，請你幫我更改。」

「沒辦法更改的，已經訂了。」

「那我們不買了。」

「不可以這樣啊！你們說要買的我才訂票的，怎麼可以反悔。」

「護照都給你了，你名字打錯是你的責任，為什麼我們要買有問題的機票！」

「總之你必須付錢，否則你不能走。」

「你憑什麼限制我們自由，你如果不改，我們就走。」

我們半認真的作勢要向外面走，印度人趕緊攔住我們：

「等等……我老闆……也許可以改。」他說他的老闆可以幫我們改名字，當然，是臉很臭的說著。

沒多久另一個印度人出現，結果竟然是一股勁的解釋即使名字錯了也可以搭乘。這印度人有病啊？！

「如果是我給的名字有錯，就是我們的責任，但是這是你的員工出錯，我為什麼要買一張有問題的機票。」我超級不耐煩的跟他理論著，老闆也很不開心的跟我說話。

「好……如果你真的要改，我可以去航空公司改，但是你們要等三個小時，你願意等嗎？」老闆一副我們時間不太夠可能會屈服的嘴臉，我內心冷冷一笑：

「三小時可以啊，我們去附近逛逛回來，要是三小時沒改好，我們就不買。」

「那……可以先付訂金嗎？」像是洩了氣的球一樣，突然感覺老闆整個人都變小了許多。

「不行，我怎麼知道你們會不會收了訂金就不做事了。」

印度老闆神色黯然的往門走去，丟下一句「三小時後記得回來」就開著車往航空公司辦公室去。此時排在我們後面的客人已有四五個，我們往外邊走去，等著三小時後回來。

三小時左右我們回到旅行社，老闆與員工都已經在了。看到我們回來，老闆臉上出現

笑容，把機票展示在螢幕上給我們看，我們很愉快的準備付錢：

「可以印一張給我們嗎？然後再把資料寄給我們。」

「印出來要加錢，郵件也要加錢。」老闆笑笑的說著。

「什麼？！你也太幽默了吧！這不是基本要給的嗎？怎麼還收錢呢？」

「這是規定。」最後我們還是多付了一筆費用讓他們把機票寄到黃大姐的信箱裡。

2/ 懷念不如相見

在離開臺灣前，幾個朋友就跟我約好在馬來西亞相見。

「如果你能撐到那時候的話……」他們說這話的樣子歷歷在目。

我們的計畫是在馬六甲會合，所以黃大姐與小雅跟我從吉隆坡搭乘巴士出發。我的朋

在檳城不會覺得是來到國外，
反倒是在熟悉的地方

友則是下飛機後直接轉巴士過去。

　　大概十二點就到馬六甲。公車下車點就是景點正中心，鐘塔。以鐘塔為中心我們把景點（聖保羅教堂、紅屋、白色教堂）都逛了。馬六甲給我的感覺其實有點像澳門，有葡萄牙的風味，加上有荷蘭跟英國的統治時期混合在一起，整個古城區給人的感覺好像到了歐洲。不過古城區很小，沒多久我們就走完了。

　　路上遇到很多遊客，尤其韓國團很多。路上有很多不同造型的腳踏花車，搭配動畫或是老歌，看起來很搞笑，但還是很多人搭乘。

　　由於我三位朋友的前來，我暫時在住宿方面與黃大姐還有小雅分開，獨自一人慢慢走到朋友們訂的旅館等著。

　　孟祺、馨慧還有彥中三人皆是我大學和高中時期的同學，其實我跟他們在高中還真的沒有很熟，可能是一種小城市來到大城市奮鬥的那種革命情感吧，當我們少數幾個考上臺北的學校時，默默地已經把對方給記住了。

檳城街邊一角

我不知道高中的我算不算認真用功讀書，但可以肯定的是，我那萎靡不振的學習能力終於在高中開竅了。

在我國中的時候，班上總是出現一堆好像永遠無法超越的人，不管怎樣用功讀書都贏不了。當時國三導師在教室兩旁牆上貼著每次期中考的前十名同學名單，估計是為了激勵同學努力的爭取自己名字出現在上面吧，不過從一開始我就覺得沒我什麼事。

國中基測（基本能力測驗，作為入取高中的成績依據）考了個勉強能上公立學校的分數，在那群人眼裡，這是個差強人意的分數，但對我來說，已經是奇蹟。

在填百大志願時，本來驕矜狂妄的想填上臺中一中、二中還是前幾名學校，但腦袋一冷又覺得自己還是別羞辱自己吧！於是填了一個連我自己都不知道這是學啥的科系名稱上去（連我的國中老師都不知道），因為這是一個新的科系，我想新開的門檻總不會高得遙不可及吧！

當時有位同學在志願表上填寫了 98 個科系，然後他說：「做人不要太貪心，留兩個空白！」

我心裡想著這還不夠貪心嗎？！

報到那天，才赫然發現自己的班級是全校最多女生的班級，我心中一直嚮往著全班都男生的場景，才第一天就幻想破滅。之後的每天，都有一堆那種整個科系都沒有女生的和尚班級來參觀，母豬賽貂蟬，識貨與不識貨的都沒差了。

我發現能進這個班級的人其實基測分數都跟我差不多。第一次的期中考還考了個中間位置（在國中以前從未到達的名次）。此刻我才知道，原來不是我笨，是國中那群人太聰明。

現在跟一群差不多程度的人相比，我慢慢拾起從小學第一天上學就丟掉的自信，書包裡的漫畫書慢慢的換回學校裡的課本，從此順風順水，學運亨通，最後得以擠進那窄窄的升學之門。

來找我的這三位朋友，出社會後也都在合適的領域裡打拚，像我這樣發了瘋離職的沒幾個。

「刷！」的一個開門聲，是他們來了，我的朋友們。

我們一起逛了麻六甲有名的雞場街夜市。攤販賣的東西，很多都是外來品，本地貨不

多。我們幾個窮遊背包客（指小雅、黃大姐和我）陪著臺灣來的土豪們逛街，看著他們想買就買的樣子好生羨慕。

雖然託科技發達的福，可以在臉書上看著大家的近況，不過見面帶來的親切感是電子產品無法給予的。在馬六甲的日子裡，有一半時間是陪著他們逛百貨。

玩了三天，搭車回到吉隆坡，我依然跟著朋友一起住，小雅則是找青旅。老實說我同時應付朋友跟小雅有點忙不過來，主要是我感覺小雅並不是很想一起走，我也不希望她單方面配合我們，所以當她提出在吉隆坡的日子要分開走的時候，我想也沒想就答應了。我個人也比較想跟朋友玩，畢竟這麼久沒見了。黃大姐則是選擇跟著我們走。

接下來的兩天，我們穿梭在吉隆坡最熱鬧的街道，高樓大廈包圍著我們。晚上的時候待在城中城公園看著雙子塔的水舞輕歌曼舞，真的是很快樂，想起大學無憂的生活，那才是人生啊！

他們離開的那天，我跟自己說：「我的旅途還未結束！」

將他們送上巴士，目送巴士離去，我轉身向黃大姐說著：「他們很不錯吧，我的同學們。」

大姐笑笑的回我：「嗯！」

3/ 大奶二奶三奶巷

一座因錫礦而起也因錫礦沒落的城市。怡保作為大馬第三大城市卻完全看不出繁華。

吉隆坡的高消費讓我們必須找個地方度過接下來的日子，我們環顧附近城市，最後挑了怡保。怡保位於吉隆坡與檳城中間，車程約三小時。

大概下午三點左右抵達怡保車站。轉搭了公車，到了市區，我們沿途問了三間旅館，最後選擇一間一天 19 馬幣含早餐的旅館，有廚房跟兩個大客廳可以休息，真的不錯。

幾天的疲憊此時全部爆發，怡保一待就是五天。在這兒我認識了很多人。

入住隔天我們與日本大叔（Minoru）一同到怡保唯一的景點：霹靂洞、極樂洞、三寶洞。這三個洞穴都是佛教的洞穴，裡面有很多雕像跟壁畫。

在山洞外的合照，乍看之下還真像是一家子，沒想到卻是來自於四個不同國度的人，也許旅行的特別之處，就是這樣。

一路上因為大姐跟小雅英文不行，總是我與大叔聊天。回到旅館後又來了一個日本人（石本喜一），本著禮貌聊了幾句，疲憊的我其實已經不想再說英文，但又迫於無奈。

　　石本對小雅非常感興趣，轉而跟小雅聊起來。本來我覺得他們肯定聊不下去，沒想到小雅竟然說起日文來？！我越聽越覺得驚訝，小雅不但會說還說的很好。

　　我趕緊問她怎麼會說，她說學了好幾年了只是太久沒說，有點生疏了。早知道她會說日文，我就不用一直陪客了呀！

　　怡保曾經因為錫礦繁榮一時，如同臺灣的金瓜石一樣，挖完了就沒落了。在最昌盛的時候，很多人因為錫礦致富了，男人有錢了就會想做壞事，於是娶了一個不夠，還在外面養小老婆。小老婆跟本家其實也就隔著一條街，成為公開的祕密，久而久之，二奶三奶們住的巷子就戲稱二奶巷與三奶巷了。

　　隨著錫潮退去，這種用錢堆出來的文化也隨之消逝，只留下各種回憶與巷名。如今怡

檳城街邊一角

保看不出繁榮，像失去精力的老人，又或者只是還原成更早的面貌而已。

　　不管是檳城、馬六甲還是怡保都具有濃濃的中國風，不過不是現在的中國，是三四十年前淳樸平實的風格。簡陋的招牌、紅磚砌成的牆，偶爾幾幢洋行或領事館。總讓我想起在電視裡看到的臺灣早期的樣貌。我想起羅大佑的歌，一會兒是〈鹿港小鎮〉，一會兒是〈光陰的故事〉。不是屬於我的年代卻存在屬於我的回憶裡。

　　　流水它帶走／ 光陰的故事／ 改變了我們／ 就在那多愁／ 善感而初次／ 回憶的青春

檳城知名景點：按步就班巷

尼泊爾 Nepal

加德滿都→博卡拉→加德滿都→藍毗尼

1/ 髒亂的聖地

泥濘，髒亂，空蕩蕩，這是我剛到尼泊爾的第一印象。在《深夜特急》書裡作者曾說過：「對來自西方的旅客來說，加德滿都更是地之盡頭。」然而如果這就是盡頭，那我希望我永遠在路上。

飛機降落在加德滿都機場，從窗戶看可感到一種破舊感，一堆地方仍然在施工，隨處可見鷹架搭建在機場內。

尼泊爾落地簽要 40 美金，因為不承認臺灣，所以簽證將會貼在另一張紙上，這不是我第一次受到不平等的對待，在寮國時就是這樣。一出機場馬上就有一堆司機搭訕我們，經驗豐富的我換了錢後便開始殺價，價格從 700 盧比殺到 450 盧比，長佑在旁邊驚訝的看著，怎麼我變了一個樣。

長佑是我在當兵時的學弟，當他聽到我要出去流浪時，他問我會不會經過尼泊爾，如果會，請帶上他。我在泰國的時候決定要從馬來西亞飛尼泊爾時，我立刻通知長佑。而他也很迅速的把機票買好。

市區裡塵土飛揚，烏煙瘴氣，景色都是土灰色。沒有柏油路，只有泥濘，坑坑巴巴，每一步都像是要吃了鞋子一樣。路上機車族呼嘯而過，汽車、機車跟人爭道，必須隨時注意後來方或前方的來車，這不像聖地，像第三世界落後的國家。我可能已經失去了好感。

我們在背包客密集的塔美爾街住了一間很便宜的旅館，三人房才 8 美元，有熱水，不過水龍頭的水泛黃，可能摻了泥土。浴室蓮蓬頭早已沒有分流的蓋子，就像拿著水管一樣使用。馬桶邊上生鏽的嚴重，店家故意選用深色的馬桶蓋好遮蓋鏽斑。房間唯一的對外窗打開竟然可以看到對面住宿的客廳，當對面的人轉頭看向我們，立即把窗戶關上。我們決定只住一晚就搬到更好的旅館。

路上經過一間貌似賣著小籠包的店，我們便點了一份，這裡小籠包叫做 momo，一份大約 70 盧比。由於老闆不會英文，鄰座的客人就幫我們翻譯，翻譯完便要求與我們合

照，我們也開心的答應了。

新的世界，新的生活，旅行的第二階段開始。

2/ 通往天堂的道路

咖啡色的皮膚，深邃的雙眼，當他們看著我，總是渾身不對勁。雨季的加德滿都，不夠多的遊客導致我們成為商家眼中的錢袋子。

今天第一個行程是斯瓦揚布納特，又稱猴廟，因為寺廟周圍有很多猴子，長長的階梯上不時看見猴子衝過。不過跟大馬怡保的黑風洞比起來數量算少。這裡的猴子似乎不會搶行人的東西，基本上就是四處爬爬然後吃吃樹葉果實。爬上階梯，可以看到高聳的寺廟，似乎是佛教寺廟，寺廟的上面有一個圓形的屋頂，聽說是用大量的黃金鍍上去的，所以金光閃閃。寺廟上方正面有一雙眼睛跟鼻子，眼睛象徵佛眼無邊，鼻子是尼泊爾數字 1 的符號，象徵萬象歸一。寺廟的周邊有很多轉輪，我沿著順時鐘的方向，各轉了一遍。

結束了猴廟，搭車前往帕舒帕蒂納特廟，又稱燒屍廟，位於巴格馬蒂河畔。門票1000 盧比，本來我不好意思問燒屍體的地方在哪兒，感覺好像很不尊重死者或家屬，但我又不知道該去哪看，沒想到售票員直接跟我説在河旁邊可以看燒屍體並用手指著一個方向：

"You can go there to see burning dead body."
看來這件事情對他們來説已經融入生活裡面了。

我們進去的時候剛好有一具屍體正在燃燒，屍體上面覆蓋著樹枝或是稻草，屍體周圍圍繞著人，我猜想會不會是親人或朋友，他們會一直待著，直到燒完。

焚燒屍體似乎都在同一側，對岸則有一整排淫婆神的陽具（linga）小廟。河流被一座橋梁分作兩邊，聽說兩邊有不同的意思，右邊是窮人，左邊是有錢人。右邊窮人區還得再用種姓等級區分不同的窮人。

燒屍體使用的平臺不是免費的，付了錢才可以把親人的屍體放上去，廟方會提供稻草，如果火勢太小或是沒燒全，廟方會拿著長長的樹幹把火引過去，一條龍的服務，令人瞠目結舌。

在有錢人的那一側有一間很大的淫婆神廟，廟旁有一間黑色建築物，看起來陰森森，房外坐著一群人，我問了旁邊圍觀的尼泊爾人，他們説房裡都是在等死的人，外面就是家屬在等候。

「那些人……有的是家屬……有的是朋友……我們會在屋子外面等著。有時候很快，30分鐘就會有結果，有的時候很慢要幾個小時才會有結果。」

「你説的結果是什麼呀？」我好奇地問了。

「意思就是他們走完人生的路了（they finished their life…）。」

他接著説：

「裡面的人一死，外面的人就要立即選擇是否清洗屍體還是直接燒掉。如果清洗了屍體，那個人就不會再投胎轉世而直接上天堂。如果不洗直接燒，那個人就會投胎轉世，然後看這一世的表現去決定投胎的位置。」

「那一般是會選擇清洗屍體還是不會呢？」

「呵呵，那得要看你這一世的狀況了。通常窮人會選擇不洗然後投胎，但有錢人或是貴族都會選擇清洗屍體。」

我猜想是不是他們認為在人間時所擁有的等級或財富等上了天堂也會保持原樣，而窮人則希望透過投胎期許能出生在更好的家庭，所以他們選擇不清洗直接焚燒。

廟口面對河的岸邊，有一個平臺，就是用來清洗屍體，看著一具屍體從屋子裡抬出，這次沒有選擇清洗而是直接焚燒。從死亡到焚燒的過程中，親屬是不能哭的，他們認為眼淚會讓死者無法轉世或上天堂。

一波波火焰烙印在家屬眼裡，也在我眼裡熊熊燃燒著。我們看著那具屍體在火中慢慢消融，想著，這是他的選擇嗎？

過了廟後面是座山，山上有一些山洞，他們説那是隱士們住的地方（他們稱隱士為lama），就像我們的隱士一樣，遁居山林。但聽説他們整天都在冥想跟抽大麻，我問當地人隱士怎麼有錢吃飯，他們説會有信仰者捐獻給他們，同時隱士會教導信徒關於人生或各式各樣的事情。一旦成為隱士就不能有性生活，也不能有家人，等於是斷絕一切人世間的關係，只能專心在求道這件事情上。至於吸食大麻則是為了讓身心靈進入到另一個境界。我望眼過去，一個lama跟他的信徒正坐在山洞裡面吸食大麻。

在寺廟附近的橋上會發現有些人臉上畫滿顏色及符號，當地人稱他們為 business lama，也就是為了給遊客拍照然後收取費用，但其實他們不是真正的 lama，有正常的上下班時間，當我靠近時，他們向我招手，我看見旁邊有一位 business lama 擺著不同 pose，然後前方有一個老外拿著很專業的相機用不同的角度拍著他。我想到之前在網路上看到很多人的旅遊文章都有這些 lama，現在想想好像也沒什麼特別的了，那個老外估計也是拍完然後 PO 上網，就認為這些是真正的 lama，然後一堆人被誤導。

我決定不拍了，省下這筆沒意義的費用，想看這些人網路多得是。真正的求道者又怎麼可能會在嘈雜人群中給你胡亂拍照呢？

我們跨過橋，到燒屍平臺對岸，看到十多個供養溼婆神的小廟。從最左邊走向右邊代表從死亡到出生，即陰間到陽間。

小廟裡有些神像，有些有被破壞的痕跡，據說是當年蒙古人破壞的。從這一側看著燒屍臺冒起濃濃的煙，鼻子聞得到焚燒蛋白質的味道，他們說燒男性所需時間大概兩小時，女性三小時，因為女性脂肪多。

離開燒屍廟，我們步行去布達那特，這裡有世界上最高的佛塔，也是加德滿都最有名的世界遺產。整個區域圍著佛塔剛好是一個圓形的圖案，中心點就是佛塔。這裡的信徒非常多，從各地紛至沓來，同時也聚集了各地的遊客。

來了幾天也漸漸可以接受這樣的環境，路上不時可以見到綁著髒辮，穿著垮褲，抽著大麻的嬉皮。他們散發出來的頹廢氣息來自於長途旅行形成的漠不關心。慢慢地我也能理解這裡所謂的嬉皮天堂其實是建立在無秩序的生活上。

3/ 徒步城市博卡拉

徒步健行的起點城市，距離加都 150 公里，巴士要開 8 小時。路上可以看到限速標示，上面寫著 speed limit 20 km/hr（限速 20）。

在去博卡拉（Pokhara）的車上我們認識了一個美國華裔小妹妹（Naomi），目前正在攻讀碩士，趁暑假出來玩。透過聊天我們發現她買的車票是 1000 盧比，而我們才花 500 盧比。氣得她直喊可惡。

博卡拉完全不像加德滿都，路面乾淨，沒有泥濘的土也沒有黃沙滾滾的天。這裡當首

都還比較合適。晚餐我們在市區解決，桌上擺有免費的水瓶，跟老闆要了三個杯子，老闆一臉不懂的看著我們，我說要裝水喝他才懂。

裝好水，長佑拿起杯子時，我突然看見隔壁的大媽拿起她那桌的水瓶直接對嘴喝，我喊了一聲，長佑手停在空中，我不知道該不該說，想了想還是先讓他喝吧！於是我小聲的說：沒事。

這下我才懂了老闆剛剛疑惑的眼神了。

因為這是個徒步的城市，所以我們跟 Naomi 一起報名了一個兩天一夜（原本三天兩夜，但我們決定增加一天的徒步時間）的行程。同行的還有她青旅的室友，一名印度人。目標是一座叫 Australia 的山。大約早晨七點半出發，加上嚮導一共六人。

路一開始還滿好走的，約莫走了一個小時左右，開始不像是路，很明顯是人踩出來的。過了中午，溫度漸漸上升，熱得大家受不了。我們穿過稻田，穿過樹林，也經過幾隻吃草的牛群，我們在雲層間看到喜馬拉雅山的某個峰，很是漂亮。

此時正值七月初，距離臺灣某一對情侶困在喜馬拉雅山的時間才剛過了三個月而已（受困 45 天，獲救時女方已死）。看著嚮導的背影，想著：「我們真的需要嚮導嗎？」

嚮導是 Naomi 找來的，名字叫 B-Shaal，他要我們叫他 Shaal。其實沒有嚮導我們也上得去，但是遇到意外時，只有他有辦法救我們。我們沒有想多，直接就同意了她的建議。雖然我們走的路線不算太很艱難，但也許就如她所說，他的專業知識可以幫助我們。

路上經過很多小朋友陪著媽媽出來工作，有趣的是，當我們與小孩交會時，他們伸手要的不是錢或文具，而是要水喝。我問他們的水瓶呢？赫然發現他們沒有水瓶這東西。也就是說從早上做到下午都沒喝到一滴水，也難怪他們不要錢。

Shaal 把腰間的水瓶解下交給路過的小孩，我以為小孩頂多喝個幾口就還，沒想到三四個小孩瞬間就把他的水給喝光。我問 Shaal 這樣沒問題嗎？他笑笑的回我：沒關係。

大約下午四點多我們抵達山上的旅館。天空下起豪雨也響起雷。此時海拔兩千多，每一次的閃光近得就像在眼前一樣，一閃而過，然後聽到隆隆雷聲。因為停電，房間的燈開不了，每一次見到彼此的面容，就只有在閃雷的瞬間而已。

大霧持續到隔天早上，雨仍然下著，霧氣濃得看不見前方。我們住的旅館沒有多少

人，二樓的餐廳聚集了一些人。有白人黑人，大家都望著窗外，即便物看不清窗外的視野，仍然在內心禱告著雨趕快停。

早餐是旅館點的湯麵，在這種地方，湯麵比任何食物都來得好，熱熱的湯可以暖和我們的身體，每一次口中呼出熱呼呼的氣來，都覺得無比放鬆。

等了幾小時，霧氣少了許多，至少可以見到眼前 10 公尺的範圍。餐廳裡的人蠢蠢欲動，沒雨傘的人套著黑色塑膠袋，盡可能讓自己免於大雨禍害。我們也決定出發。

我一手拿著雨傘，一手隨時扶著石頭，有時泥濘，有時滑石，每一步我都走得很謹慎。

有好多路段已經被水淹蓋，腳踩過去，鞋子直接進水。走了大約半小時，Shaal 停下來要我們檢查鞋子，一開始我不太懂，直到他從自己的鞋子上拔下無數的水蛭我才明白。水蛭爬滿了鞋子、襪子，甚至大姐脖子上、Naomi 的肚子都有，真是太恐怖了。我們每十分鐘就得停下來檢查一次。

大雨持續下到中午才停，我們收起傘，脫下塑膠袋，陽光燻得我們滿臉笑容。

經過了一間小餐館，我們也順便解決了午餐。本來以為吃完午餐車子就在門口等我們，結果馬路竟然坍塌了，我們只能繞道而行，多走了一小時。不過此時我們覺得多走也是享受，想想這兩天的徒步也是滿好玩的。

到了山下，搭上車回到旅館，沒有特別驚險或驚心動魄的過程，但那又如何，安全一直都是最重要的考量吧！

4/ 那一晚・相遇

我的下一站是牛的國度——印度，簽證打算在印度駐尼泊爾加德滿都大使館辦理，因此我在加德滿都多逗留一週。

此時的我已經離家三個多月，完成了東南亞的跨境旅行。從馬來西亞飛到尼泊爾，距離我第一次想家還要再一個月。此刻的我，還是很興奮，因為尼泊爾是我一直想來的國度。

在尼泊爾待了將近一個月，認識了很多朋友，見識了印度教的荒唐（對我是荒唐，對當地人應該是稀以為常），還有尼泊爾人的無奈。有人說尼泊爾人幸福指數高，我想是吧，但隨著外面世界的入侵，我想幸福是建立在無知的生活才會快樂吧。

這幾天不是在青旅的餐廳喝茶，就是在大廳看書。某天晚上，門外來了三個女孩。

「你好，請問還有房間嗎？請給我們一間三人房。」

說話的女孩頭戴一頂登山帽，穿著流行。她有著細長如飛葉的單眼皮眼睛，聲音清亮，很讓人注意。

「是都市的小孩吧。」我心裡這麼想著。

她身後另外兩位女孩，一位看起來很稚嫩，圓晃晃的眼睛帶有點閃避，透露出涉世未深的氣息；另一位身形消瘦，白裡透紅的臉上有著猜不透的哀愁。她們看起來都很疲憊，如果櫃檯此時此刻說出「房間已滿」，她們可能真的會大鬧旅館。

我沒有太多理會，看著書，沉浸在我的小世界。

吵雜的聲音從樓上漸漸傳來，三位女孩飢腸轆轆的走進餐廳。餐廳小二急忙拿著菜單靠過去。只見她們食指大動，把菜單上的好料都劃過一遍。沒多久幾盤菜上桌，香氣芬馥且四溢，我不敢多聞，免得也跟著餓。

「你知道哪裡有插座嗎？」

我抬頭一看，原來是單眼皮女孩發問，因為她說中文，身體反射性的看向她。她們吃完晚餐順勢就到大廳裡待著，其他兩位都只顧著滑著自己的手

與依藍的第一次相遇，拍攝於加德滿都王宮廣場

機。

「嗯⋯⋯好像花盆後面有一個插座。」

「哈，你會說中文啊！我以為你是日本人呢！」

「我頹廢的樣子像日本人嗎？哈！」

我站起來把花盆移開。

「有了嗎？」

「嗯嗯，有了，謝謝你。你是一個人旅行嗎？」

突如其來的問題讓我一時反應不過來，難道這是搭訕嗎？！

我心裡想著：「春天要來了嗎？」

「大部分時間是一個人，最近新增一名旅伴，但等我離開尼泊爾到印度後，就又是一個人。」

「你⋯⋯要去印度？！」

那名消瘦的女孩突然放下手機轉向我。

「嗯⋯⋯是的，怎麼了嗎？」

「沒什麼，只是我一直想去印度，但又不敢去，聽到你說，有點意外罷了。」

「那你要跟我一起去嗎？」我不假思索的說出，當我發覺似乎有點太唐突，話已經脫口。心裡傳來「天啊！我在幹嘛！」的聲音。

「嗯⋯⋯我會考慮的⋯⋯」

這時我才發現她微微一笑的樣子很有氣質。

「哈哈，好的，你如果要去跟我說一聲，我們可以在印度碰頭，我叫迷斯。」

「我叫⋯⋯依藍⋯⋯」當時完全沒想到這就是我們故事的開端。

5/ 那一夜‧你走了

認識了這三位女孩是這趟尼泊爾旅行的一個收穫。她們來自不同城市，也在半道路上認識，而她們會住在這則是因為計程車司機的一個小烏龍，把她們載到了錯誤的旅館。

她們本來已經訂好另一間中國人開的旅館，品質跟地理位置都相對較好。

從博卡拉回來的那天，夜已深，她們招手攬了一臺計程車，報上旅館名稱後就沒有再

特別留意司機的行車路線。大概每個國家、每個城市的計程車司機都對自己認路的能力很有把握，尤其在這種沒有導航的國家裡，他們總是自信心爆棚。

「OK！OK！」司機拍胸脯的保證已經知道她們口說的那間「中國人開的」旅館。

沒多久她們被載到一間沒看過的旅館：「鳳凰賓館」。

「不是這間啊！」

「是啊，中國人開的旅館。」司機很堅持自己沒有錯。

她們猶豫著要不要繼續爭執下去，但又看天色已晚，想想睡個一晚也還行吧。

「要不……就睡這吧？」她們哀怨的說著，最後也都只能妥協。

確實只是一晚也不是什麼大不了的問題。再說了，跟尼泊爾人吵這個也沒用，能安全把你載到某間旅館已經是件很值得高興的事情了。

事後她們還是很埋怨司機，但我卻是充滿感謝。

我們認識的那晚，黑色的天空中點綴著無數顆閃爍的星星，也許剛好有流星劃過也說不定。

隔天我毫無行程，一早便坐在大廳看著未完待續的書。

「早安！」

我抬頭看，依藍與另外兩位（柚子與小愛）正向我走來。

「你今天有什麼打算嗎？」她接著說。

「不…….沒有任何行程。」

「我們要去杜巴廣場，跟我們一起去吧。」

「好。」我闔上書本。

沿著加都最有名的那條街（塔美爾 Thamel）往南走，大約一公里就可以到達其中一個杜巴廣場（加德滿都王宮廣場）。在加都周圍總共有三個比較有名的廣場，其中因為距離的因素，加德滿都王宮廣場最為人知。

而廣場內最最知名的則是庫瑪麗女神（Kumari），傳說是尼泊爾王室保護神塔蕾珠女神的化身。一般都是小女孩擔任，似乎一天也只會露面幾次，要碰上得靠運氣。

我們用步行的方式去廣場，途中她們都嘗試與我聊天，柚子與小愛比較喜歡聊時尚、衣服；依藍則是聊古玩，如集郵、集鈔等。自然的，我與依藍就有更多的共同話題。

其實這還是我第一次進去廣場，因為門票價格不菲，足以抵我幾天的床費。對於不合

理的票價（1000 盧比，相當於 8 頓晚餐），政府給的官方答覆是：幫助這些古建築重建。當然，只針對遊客。

廣場不大，庫瑪麗的時間也湊不上，逛沒多久旋即離開。我們的話題從收藏聊到自己的生活小事，我竟然開始祈禱回旅館的路又長又遠，最好能走上一天。可惜她們下午的行程又是必須花錢，我只好回絕。

她們三位都決定在今晚離開，分別去西藏、湖南還有四川。中午辦理退房後，我讓她們把行李都放到我房間，這總比放在大廳安全。

晚上她們歸來，離開的時間未到，我們圍成一圈，分享自己的人生歷程。

柚子有著對大學畢業後人生的憧憬，小愛則是用出社會面臨的挫折挑戰來警惕她。我在一旁笑著她們的對話，這感覺讓我懷念。在出社會前，我與大學的朋友也常聚在一起聊著天南地北。

生活就像一面鏡子，你笑，它也笑；你哭，它也哭。

時間滴答滴答的流逝，我送走了柚子與小愛，依藍的車是凌晨三點半，她在房間找了張床躺下休息，我們隔空著聊天直到擋不住眼皮闔上。

隔天一早醒來，彷彿一切都沒有發生過。空蕩蕩的房間，沒有行李箱放過的痕跡，也看不出昨晚有訪客來過，心裡有種被掏空的感覺，但這不是第一次。這一路走來，送過不少新朋友，這樣的心情即使一再重播，仍然沒有習慣。

「登登！」突然手機聲響，我拿起一看，是依藍傳來的訊息。

「我走了，怕你累沒叫醒你，希望未來還有相遇的那天。」

我笑了，雀躍著按著鍵盤：

「會的！」

6/ 遠離背包客的聖地

若是要從尼泊爾陸路去印度，只能用印度紙簽證，所以我必須在加德滿都辦理簽證。而簽證需要 8 個工作天，所以我也只能待著。

取得印度簽證後，訂了車票前往尼泊爾印度邊境。那裡有一座城市，是釋迦牟尼誕生的地方，叫藍毗尼。在過去印度之前，我打算在寺廟住個幾天，體驗一下寺廟生活。同時也是想讓奶奶聽一下佛經，我想在佛祖的誕生地聽佛經，應該是很酷的事情吧，奶奶估計

沒想過有這一天！

　　巴士上只有我跟一位老太太是外國人，所以我們稍微聊了一下。她是一位英國人，年紀 76 歲，篤信佛教，不斷地在尼泊爾跟印度徘徊，這次也是要去印度。

　　發車後，前面 10 分鐘的速度很慢，大概時速不到 20 吧，陸陸續續有人小跑步上車（這我也是覺得很誇張，後來在印度看到一堆人小跑步上火車，就覺得這個沒什麼了）。尼泊爾的巴士，行李不是放在側邊，而是放在車子上面或後面，後面有個小鐵板可以打開，裡面有不大的空間可以放行李。

　　車開得很慢，乘客把行李丟上去，然後追上車子當手可以抓住車門時便一躍而上，很有趣的畫面。除此之外還有很多小販一樣上車推銷，有食物也有奢侈品。乘客會一直跟販者殺價，這時全車的人都會看著，如果成功了，大家會歡呼說著類似「你真厲害！」之類的話。我旁邊那位兄臺因為用便宜的價錢買到了爆米花跟水，因而得到了其他人的讚賞。

　　車子走走停停，我也昏昏醒醒，每次停留不到十分鐘。突然一次停留超過半小時，我覺得奇怪便下車詢問司機，原來車的引擎壞了。司機及幾名乘客專注著研究冒出黑煙的位置，不斷交叉討論著。我看著手機，時間是凌晨一點半。

　　幾個比較有經驗的乘客跟司機把車殼拆下，似乎是換了什麼零件，最有趣的是拿水槍冷卻冒煙的地方。勉強運行的巴士，搖搖晃晃的走在沒有路燈的公路上。一個熄火聲再次吵醒了我。

　　「又怎麼了？！」

　　司機已不在位置上，我下車看，看見司機坐在旁邊的店家休息，點了一杯茶，看著報紙。我靠過去詢問這次的停留時間，得到了一個令人絕望的回答：

　　「前面路坍了，正在整修，修到何時我也不清楚。」

　　這時我才發現整條街都是巴士跟小客車，看來這不是假的。我疲憊的爬上車鑽進我的座位想辦法睡著。但我隔壁的小哥睡姿巨難看，腳都跨到我這邊來了，我只好下車在餐廳外的桌子旁找了個位置坐下，點了杯印度奶茶。

　　坐了幾個小時，漸漸有了睡意，我看了手機，時間是凌晨三點半，我再次爬進我的位置，這次因為我也累了，沒多久我就睡著了。

　　睡夢中，我一個人走在荒間小路上，我忘記我在這兒的原因，也想不起來接下來要走的方向是哪邊，無論哪邊都摸不著邊際，也沒有村落。

「好吧！」我隨機挑了一邊走，過了多久不知道，就是一直沒有盡頭。路邊出現很多場景，都是我以前沒看過的，但又有點熟悉的感覺，我看了一連串的畫面才想到這是東南亞我去過的那些國家的風格（泰式、越式、法式、吳哥文化還有新加坡的噴泉獅子頭），都混在一起了。

突然前方出現亮光，沒有太陽那麼刺眼，但我仍然看不清楚前方。我想我沒有走錯路，或是說另一邊也是正確的。因為還沒到過，所以用光來掩飾期待，光之下有影子，我想那就是期待之下也有害怕的意思吧。

「喲喲！！喲喲！！」

司機大喊的聲音將我驚醒，睡眼惺忪，看著一群一群的人慢慢上車。車子微微顫動，原來是車子發動了，把那些下車休息的乘客呼喚回來。天微微亮，初陽已漸漸露出了頭，我看了手機，原來已經早上五點半了。

本來預計早上六點可以抵達邊境，所以我沒有準備早餐。肚子餓得期待上車的小販，可惜都沒有。後悔在加都的賭場沒有多吃一點。

車子穿過叢林，不像路的路。出現荒野，看似沒有盡頭卻毫無猶豫的前進。半路休息，一大半的人跑下車，跑到 50 公尺遠外，一排排的站著，拉下拉鍊，從他們雙腳間看見涓流小瀑布。至於婦女則是跑到更遠的地方蹲著。

另一側不知名源頭的泉水從石頭縫中噴出，幾名乘客拿著牙刷沾了點水開始刷牙。這畫面很有趣。

中午十一點半終於抵達邊境，英國老太太在這下車直接過境印度，我則是到 20 公里外的藍毗尼。

7/ 極樂世界的起點──藍毗尼

佛祖的起點，從進入眾寺始，世外隔絕。鮮少的遊客，虔誠的信徒，不自覺一股平靜的心情從殿堂傳來。

巴士把我放在路邊，幾名尼人也在這裡下。其中一位問我是不是要去寺廟，我說是，他便幫我找了個三輪車司機，價錢談的比網路上看到的還便宜。我謝過他便搭車前往寺廟。

「你好，我是臺灣人，請問我可以住在這裡嗎？」

「嗯……我不確定呢，我得問問住持才行。」我坐在中華寺廟的辦公室，看著住持神采奕奕的跟幾名西裝筆挺的人聊著。我不敢打擾，看著內庭裝飾雕欄玉砌、優雅不俗。某些房外裝著外掛式冷氣。在這裡修行可真輕鬆。

大門進來兩名跟我一樣裝扮的背包客：

「你好，這裡是辦公室嗎？我們想住在這裡，你也住這兒嗎？」我一聽他們口音便知他們是中國背包客。

「還不確定，我在等他們回覆我，辦公室有中國來的志工，她會幫你們。」我等著志工的回覆，沒多久那兩名背包客背著包跟著志工往宿舍走，遠遠的還跟我揮了揮手。

心中一股怒火產生，明明住持還在談事啊！怎麼他們就入住了？我走進辦公室詢問那名志工小姐：「為什麼比我晚來的卻比我早有床位可以休息呢？」

「這……因為他們是中國人……但我不知道臺灣人可不可以……」

「我以為是沒有床位才要問住持，原來是因為我不是中國人啊。」我苦笑了一陣，我以為佛是眾生平等，原來在這裡也有種姓制度，華人之下還有高低之分。

「這邊只有中國人可以住，其他國家的都住其他寺廟……」志工小姐一臉尷尬的看著我。

「你沒有搞錯吧……好吧，對了，你們寺廟名稱取錯了，應該改成中國寺廟。」

我浪費了時間在這兒等著，轉過身往外面走，迴廊旁邊的公布欄上面寫著「中國某某主席捐贈、寺廟震災出力、佛法等等字眼」突然在我眼裡顯得諷刺難看。

我走向對面的韓國寺廟，土灰色的水泥牆，沒有瓊樓玉宇，沒有碧瓦朱甍，跟中華寺廟差別真的太大了。中華寺廟有內殿外殿，內殿一尊大佛像，韓國寺廟就一殿，裡面三尊小佛像。

簡陋的紙板上寫著辦公室，一進去只看見一個尼泊爾人坐在那兒，簡單的幾句話我就得到了一張床。

同房的德國人 Ten 自稱虔誠的佛教徒，今年 20 歲，高中畢業就出國來到印度跟尼泊爾學習佛法跟冥想。

一般我是不會在乎室友的興趣，但他冥想時必須裸體而且鎖門，這已經影響到我的生活了，所以我不得不跟他聊兩句，同時也知道了一個驚人的事情：

「你喜歡冥想嗎？」我問他。

「喜歡，我覺得冥想很神奇，可以充滿力量。」

「所以你一個人到這裡學習佛法囉？」

「不是，我跟我女朋友一起來的，她住在中華寺廟，那邊我不能住……所以我們分開住。」

「你女朋友怎麼不過來住，韓國寺廟沒有規定男女分開住吧？」

「有一些原因……所以我們就沒有住在一起。」我猜想可能還是因為寺廟不宜混住吧。

Ten 說要帶我繞繞，於是我倆各租了一臺腳踏車，然後在藍毗尼的寺廟群裡瞎晃。聽說這裡有來自世界各地的佛廟，我看見泰國、越南、印度，竟然還有法國的？！我真不知道法國也有和尚。

喜歡佛教的他，跟我說了很多關於佛教的誦經儀式，其實我感覺他也不懂，他只是覺得那唸經的平聲調好似某種特殊法力。

「我帶你去聽正宗的誦經。」Ten 興奮的對我說。

但我心想：「你懂什麼叫正宗嗎？」

走著走著，我看路是回韓國廟的路，正當我疑惑時，他一個轉彎，轉進中華寺廟。我心裡咯噔一聲，怎麼又回來這裡。

腳踏車停在寺廟旁的空地，走進迴廊，往辦公室走去。

「你是要去辦公室嗎？」我有點不安的問了他。

「對啊。」

我心裡大概已經想到了什麼，只是還沒看見之前，我不放棄任何「事情不是我想的那樣」的希望。

辦公室走出一女，他倆相視後擁抱，我去，那名志工就是他女朋友啊！

我跟她尷尬地對視幾秒，寒暄幾句，然後他倆說要去走走（其實就是約會吧），我獨自一人待在寺廟的正廳等著晚課（誦經）開始。

後來回到韓國廟，經由其他長期住客才知道，起初他們倆都住在韓國寺廟，但是他們在寺廟內以及師父面前過度親熱，被當地的信徒勸說，羞而離去。但是老外不能住在中華寺廟，所以他留下來了。另外也得知，凡是在中華寺廟住超過三天的人就必須擔任志工幫忙寺廟裡的事務。這其實滿合理的，用勞力換取免費住宿。

晚課時間一到，Ten 回到中華寺廟聽師傅們的誦經，配樂有木魚、響板、小鼓、磬，大約 40 分鐘結束。一次有 4 到 5 名和尚，各拿一樂器，大概每 10 分鐘一個章節會繞正廳一次，然後下跪磕頭，不過因為有墊子，膝蓋也不會覺得痛。

　　Ten 轉頭過來向我説：「我覺得全身充滿力量！」

　　我感覺是回到了我奶奶喪禮上，聽到的誦經感覺差不多。本來想跟他説：「你是感覺被超渡了吧。」但是超渡兩個字我不知道怎麼翻成英文。

　　這邊的寺廟都有早課（5:00）跟晚課（18:30），內容一樣都是誦經。中華寺廟是免費住，所以所有住在這的遊客都必須參加早課，晚課則不用。韓國寺廟是付費住，所以早晚課都可自由參加。

　　韓國寺廟那邊的誦經可寒酸了，只有一名和尚，偌大的佛堂只有三尊小佛像，對面的中華寺廟一尊鍍金的少説兩米高。佛堂燈光灰暗，只有蠟燭跟窗戶透進來的日光。這排場兩邊差很大。

　　韓國這邊的晚課流程則是一名和尚手裡拿著木魚唸著，基本上都是站著，然後幾句一拜。30 分鐘誦經結束後，開始 108 跪，搭配著另一種經文，有一個節拍的步調，我們必須站起來又跪下去，這樣來回 108 次大概也要 20 分鐘，我人生沒有下跪過這麼多次，結束後我是滿身大汗。説實在韓國這邊的晚課比中華寺廟還令人有感覺。

　　説説兩邊的伙食狀況，中華寺廟三餐有變化，雖然都是素餐，但有變化總是吃起來不會那麼無聊。韓國寺廟則是餐餐泡菜，雖然另外一兩道菜可能當天會不一樣，不過很快的隔天就跟泡菜見面了。

　　在寺廟裡的生活很單調，早上五點的早課，晚上六點半的晚課。其餘時間我則是穿梭在其他寺廟裡。寺廟裡養著幾名尼泊爾人，後來才知道他們是畫師，負責佛寺牆壁上的佛畫。由於經費不足導致工程延宕多時，幾年前的鷹架至今還架在上面等著金援。

　　晚上睡覺停電是家常便飯，經常一停就是一小時起跳，夏暑的藍毗尼熱不可言，即使全裸也無法排解身上的悶熱。床位附的蚊帳都已經殘破，還好幾個月的旅行讓蚊蟲對我已是避而遠之。

　　「這裡一直都是這樣嗎？」我問 Ten。

　　「你説停電？不是耶，聽説跟中國有關，但詳細的我不是很清楚。」我也不明白停電跟中國怎麼會有關係。隔天我問了辦公室的管理員。

「中國跟印度打仗啦。尼泊爾兩邊都不想得罪，結果還是得罪了兩邊。中國斷了尼泊爾的電，印度斷了尼泊爾的石油。」管理員很不屑的說著，「你是中國人嗎？」突如其來的問題。

「啊⋯⋯不是，我是臺灣人。」

我上網查了一下，果然準備戰爭了，「2017 年 6 月 18 日至 8 月 28 日中國與印度發生中印軍隊洞朗對峙事件。」

這樣的生活過了一週，身上的尼幣也花得差不多，決定動身前往印度。

印度 Inida

瓦拉納西→迦耶→阿格拉→克久拉霍→新德里→西姆拉→

達蘭薩拉→阿姆利則→賈朗達爾→諾奧爾馬哈爾→烏普帕爾卡蘭→

魯得希阿那→新德里→齋普爾→烏代浦爾→焦特浦爾→賈莎梅爾→新德里

1/ 你要不要買我的妹妹

遠遠就看到公車的門邊站了三個人？！等停到我眼前時，我真傻眼了，人滿到沒地方可以踩，我決定等下一臺。

一早離開韓國寺廟走到市區，我買了一瓶可樂加幾張印度薄餅當早餐吃。想到身上還有些尼幣，昨天特地在寺廟跟其他住客換了一些印度盧比，剩餘的我在市區附近找了間五金行買了一個大鎖。聽說印度搭火車行李被偷的機率很高，必須用鎖加鐵鍊綁在座椅上，真的不知道有沒有這麼恐怖，總之先買了個鎖，鍊子等到了再想辦法。

到了公車站（沒有站牌，是當地人說車子會停在這裡），想著今天應該可以抵達印度。公車來了又去，每臺都是滿載而來，滿到門口都是人。我不等了，當第三臺車停下時，我硬是擠了上去。最後我以一隻腳懸空一隻手無處可抓的姿勢，站上車門口。

老舊的公車門早就無法自動關閉，剛好成了我延伸的空間。我吹風，我逍遙，我手沒力。

大概幾公里過去，車子突然停下，司機匆忙下車，把我們往裡面推擠，奮力的把車門關上。我被擠得只能單腳站立，手只能往上擺，身體靠著旁人的背得才以站穩。我正困惑著，才發現前方有警察的檢查哨口，等到一過，車門打開，我們往外噴出，還原成最原始的模樣。

下了公車又換上另一臺才抵達邊境，接下來只能步行通過。

我找了個換匯所打算先換個 20 美元，結果老闆竟然不知道美元匯率是多少。他說要問一下，我擔心他騙我，於是我尾隨過去，結果另一間也不知道（這有點誇張）。他又帶著我去另一間才終於換到錢。

到了尼泊爾海關，劈頭一句就問我哪裡人，我想想護照等下也是要交出，回答臺灣，

他笑笑的回答我：“Good! Nice Country!”（很好的國家），很快就蓋章讓我離開。

我在邊境認識了一位中國騎行者（小熊），他打算從加德滿都騎腳踏車到加爾各答。我們一同往印度海關走去。

在尼泊爾海關辦理出境後，往印度的方向走，中間會經過一小段三不管地帶。正穿過印度大門，一個檢查站出現，一旁有像機場入出境時的金屬門，除了印度人或尼泊爾人，全部都得往金屬門走。老實說，我感覺那個門已經失效，連電都感覺沒接通。

印度的領班問我：「中國人？」

「不是，我是臺灣人。」

領班大聲的要我拿出護照且把行李放到桌上攤開給他們檢查。

「中華民國不就是中國嗎？」他拿著我的護照，手指著“China”不屑的對我說著。

這不是第一次遇到這種狀況，我不疾不徐地給他指點一下。

「你看，下面不就寫著臺灣嗎？」領班一副恍然大悟的喊著其他人員：「不用檢查了！他不是中國人。」

他轉過頭來對著我說：「你看起來不像壞人，你可以直接走了！」

我都不知道發生什麼事情，收拾好我的背包大步向前。輪到小熊時，用他顫抖的手交出他那本紅色的護照（中國護照是紅色的）。

「中國人？！」領班一樣的問著。

「是的……」小熊也不敢說謊，只能如實秉報。

「行李拿來檢查！」領班又表現出不屑的態度。

「我就只有一個背包跟單車而已。」

「我現在懷疑你的單車車管內藏有不明物品，你必須拆開讓我檢查。」領班拿出一個大紙箱給他，要他拆解單車。

此刻我還不明白為什麼印度領班如此刁難他，後來我才知道中國跟印度在另一個邊界已經劍拔弩張，一觸即發了。

小熊花了一個小時拆解腳踏車，我則是單獨前往辦理入境的辦公室。辦公室位置非常不顯眼，我一度走過頭，等到心裡都懷疑這個距離不合理時，才回頭再找。後來還是靠著當地人的幫忙才找到。

邊境到聖城瓦拉納西有兩種方式，一種為火車，另一種為巴士。火車已經買不到票了，所以選擇了巴士。

其實我沒有把握有沒有巴士可以到我要去的城市，但既然火車都已經客滿，也只能去巴士站碰碰運氣。巴士站很偏僻，破破爛爛，很多人躺在地上休息。問了雜貨店小弟，有一臺開往瓦拉納西的車是下午五點發車，雖然還很久但總比沒有好。

　　我席地而坐，沒多久似乎引起那些躺在地上的死屍紛紛向我靠近，其中一個甚至直接坐到我旁邊。我們大概聊了一個小時，原來他們都是司機，發車時間還沒到的時候，他們就在巴士站洗澡跟睡覺，休假才回家。聊到一半，第一個找我講話的司機突然問我結婚沒，我說沒有，他竟然問我：

「你要不要買我的妹妹？！」

是嫁不出去嗎？竟然要賤價拋售了！真不知道他是認真的還是開玩笑的。

「你妹妹幾歲了？」我看他起碼有 35 歲，妹妹估計也有 30 吧。

「我妹妹 16 歲。」

瓦拉納西的恆河夜祭是最知名的
祭典，每晚都有，無論颱風下雨

「這……」

「我妹妹很可愛，人也很好，我家兄弟姐妹太多了。」

「呃……不好吧，我還要走很久耶，帶個女的不方便。」

「你考慮考慮，我妹妹真的很不錯，你願意的話，可以之後再回來接她就好，不用現在就要帶走。」

「那……我再考慮考慮吧。」

「那就這樣說定囉！」

他請我喝了一杯奶茶跟一些零食，不知道這是對遊客的熱情還是對妹婿的熱情。

必須說，我才入境不到幾小時就覺得印度還滿不錯的。司機一個一個陸陸續續發車走了，大概下午三點多，我獨自一人等著車。

與依藍在恆河畔散步

2/ 我的深夜特急

終於來到印度,《深夜特急》第一卷的起始點。作者慵懶的癱在旅館,想著「要放棄嗎?」、「要繼續嗎?」

「我也終於到這兒了……」回想這四個半月的旅途,這是我第一次在國外待這麼久。還記得在越南遇到臺灣人時,並沒有特別的想家。但是現在,我已離家這麼久,離臺灣這麼遠。我不知道打工換宿的人或是留學國外的人會不會也有這種感受。

我癱在旅館的休息廳,想著這一路遇到的人,發生的故事。青旅的員工看我一個人,也許他知道我是華人,突然,耳邊響起了旋律。

「不要問我從哪裡來,我的故鄉在遠方……」

是孫燕姿的〈橄欖樹〉,員工為了我放了一首中文歌。我被歌詞打動,當下,我第一次這麼想回家。

「為什麼流浪,流浪遠方,流浪……」

3/ 那一刻·相逢

飛機降落在長長的跑道上,上面載著她,而我已在機場的門口等待。

那是我抵達印度後的第 8 天,依藍買了一張單程票,從西藏拉薩飛往印度瓦拉納西(Varanasi)。

「我打算去印度,你到時候還在嗎?」

「你一個人嗎?」

我坐在一臺通往印度的巴士上,旁邊坐著尼泊爾人。從拿到印度簽證後,走過尼印邊境已經是上週的事情。車上不少尼泊爾人,聽說他們是要到印度當志願軍。我有嘗試的問他們為什麼不留在尼泊爾當兵就好,但語言的隔閡讓我們很快地結束話題。

「希望……不是一個人囉!」她的話藏有玄機,我感覺得出來。

「妳機票是買到哪兒的呢？」

「瓦拉納西，那不是印度最重要的城市嗎？我早就想去那看看了。」

「真巧，我也是要去那，也許我們有機會遇到！」不知道我這樣說會不會太明顯。

我等著依藍的回覆，卻遲遲沒有收到訊息。

「難道她不想跟我走嗎？」我呆呆的看著手機螢幕，赫然發現左上方的訊號格是空白的。不知為何，沒有訊號比收到訊息更讓我安心。

巴士駛進黑夜，稀疏的柏油路面，偶爾幾次跟蹌把我們拋得老高，尼泊爾人肯定習慣了這個，因為他們那邊的路況更是荊棘滿途。

抵達瓦拉納西的時間是凌晨三點多，一堆牛映入眼簾，三五成群，打盹著，蜷縮在一旁不受侵擾。

我沒有訂任何的青年旅館，我急著想找個地方連上網路看看依藍的回答。那是至關重要的一封訊息，我心如鹿撞無法平息，來回踱步，埋怨著嘟嘟車司機怎麼還沒上前來搭訕。

「進市區這個價錢？我是很急，但可沒有失去理智啊！」前來搭訕的嘟嘟車司機用手指搭配粗暴的英文開價，但我不接受。

旁邊一群老外也分別跟不同的司機嘶吼著，這就是所謂的各自擊破吧。但目前我能拿到的最低價還是不在我考慮範圍內，看來我是需要夥伴來個分進合擊。

我找了一對老外，先問問她們要去的大致位置。由於我沒有網路，也只能祈禱她們要去的旅館離恆河不遠。

討價還價後的結果是我們三人共乘一臺車，然後支付 1/3 的費用，這筆生意談得好，我們開心地出發。

沒多久，司機把我放在恆河邊的路上，「你從這裡下車可以找到很多青旅。」

拎起背包，本想往人潮擁擠的地方走去，但此刻深夜，只能往牛群稀落的方向走去。

路上一位可憐我的嘟嘟車司機（阿里，Ali）向我示意上車，可能是他也感到無趣，便決定幫我找便宜的旅館。

我們來到一間清真寺附近，裡面的阿訇剛好出門，我們湊上去問問。他說清真寺後方有一間，裡面有很多外國旅客出入，想那邊應該不貴。謝別阿訇，我們便繞到後方。

果真有一間旅館，"Hostel La Vie" 旅館的門是關著的，我不好意思深夜打擾，決定

在外面等到早上六七點再敲門。但是阿里卻表示在印度不要在意這麼多。

「砰砰砰！」

「砰砰砰！」

我在旁邊聽得都有點尷尬。

「砰砰砰！」

「砰砰砰！」

突然門後方傳來聲音，我想是有人醒了。阿里大喊了幾句我聽不懂的話。沒多久，門打開，一位睡眼惺忪的印度人站在門口。

「你有訂位嗎？」

我不知道該如實回答還是裝瘋賣傻，但我知道進去旅館就會有網路。

「是的，我訂了。」我內心惶恐擔心他真的會打開電腦去核對我的訂房紀錄，但我賭他不會這樣做。

感謝過阿里，他堅持帥氣的不留資料給我，我也只能把他當作是這趟旅行的美好回憶。

依藍抵達印度的第一晚下起這
個月最大的雨。水淹及膝，裡
面混著牛糞、人糞等穢物

我被領到大廳，員工示意我隨便找塊地躺上休息，等天亮了再說。

放下行李後，我趕緊連上網路，打開微信。

「我希望……我們會遇到。」

4/ 這就是印度

　　車子抵達青旅，介紹了學長與依藍互相認識。學長是公司裡的同事，雖然不在同一個單位，但因為常常在假日值班碰到，那也是一種緣分。當學長聽到我旅行的計畫時，把他有的旅遊書都借給我參考，對我的幫助甚大。同時也約了印度之行。

　　提早他們幾天抵達的我變成在地導遊，帶著他們在瓦拉納西到處探險。瓦拉納西是印度的聖城之一，早在五十年前這裡就已經成為背包客必來的景點之一。屍體火葬場與恆河夜祭成為了瓦拉納西的兩大景點。

　　這裡與尼泊爾的燒屍體文化類似，但儀式略有不同。火葬場位於恆河邊上，沿著河邊

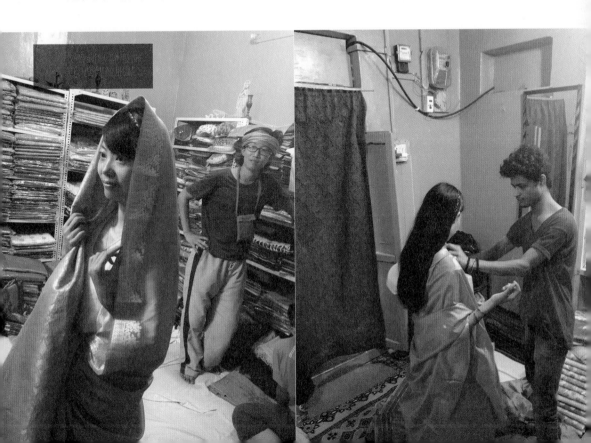

有好幾處火葬場。可能是因為每天死去的人太多才需要這麼多的場地。抵達火葬場時也曾期待會看到《深夜特急》裡面寫到的：當綁著屍體與石頭的線斷了，屍體會浮出水面，盤旋的烏鴉從天而降開始啄食腐屍。實際到了後發現看到的更多。

當屍體從街區小巷裡抬過來後，放在搭建好的平臺上，當木材蓋過屍體後便開始燃燒。坐在一起的是家屬還是投機客我不知道，但是只要有遊客靠近，總會出現某個人說出一個數字，繳了那個數字的盧比後才可以拍照或近距離觀察。如果在沒有繳交費用的情況下拍照，他們就會大聲的叱責要求遊客離開，理由是：「你不尊重死者？！」

當我聽到這個理由時我也是笑了，果然在印度，認真就輸了。

屍體燒完後，旁邊等待的羊群會靠近屍體，把掉落在地上或是外露在木材外的熟屍肉吃掉。這個畫面我看了幾次都不能適應。接著會把屍體扔進恆河裡，任其自由。

我曾和幾個朋友在恆河上搭船欣賞岸景，意外發現水裡飄著牛的屍體，更讓人驚訝的是印度小朋友會把牛屍當作游泳比賽的終點，先摸到就贏。每天早晨會有非常多的婦女小孩在河邊刷牙漱口，他們會清洗全身，而屍體可能就在附近燒著準備扔進河裡。這種與屍體相伴的文化獨具一格，同時也很佩服印度人的思想觀。

夜祭則是每天必上映的大節目。幾名祭司坐在恆河旁的小平臺上，放著音樂敲著鼓，伴隨著節奏起舞。恆河是印度人的母親河，相當於中國的黃河。每天獻舞給母親看，對瓦拉納西的人來說，是天經地義的事情，所以不論是刮風下雨，儀式都會繼續進行。

當晚，夜空中降下了淚滴，大哭大鬧那種，夜祭持續進行，澆滅了的火把點了又滅。我們躲在角落，然而祭司卻只能繼續完成他們的舞蹈。即便大雨也沒有趕跑圍觀的印度人，他們說這很神聖，中途離開是不尊重神，因此我們也待到最後。

散場後的人群是恐怖的，水淹到膝蓋的大雨更是驚悚。路上的牛隻都聰明的站在高處，但是牠們卻留下了糞便，混濁的水裡混著牛糞。

水雖然只淹到我的膝蓋卻等於是依藍的大腿了，看著不明物體漂流在水面表層，可能是牛糞，可能是垃圾桶裡面的殘餘，或是多年未打掃的公共廁所流出來的排泄物，那種噁心感覺不可言喻。印度人倒覺得沒什麼，邊划水邊聊天，還有人拉著人力車攬客。

我擔心，依藍會不會因此卻步就離開了印度。

「依藍，你還好嗎？」

她微微一笑的看著我說：

「從來沒有這樣過，印度真的好特別。」

5/ 菩提樹下

「一個一個來，不要急，排隊排好。」

村裡的小孩把衣服脫了用來盛米，有的一斗不夠還多要了半斗。

「你如果多拿了，其他弟弟妹妹會沒有的，不要貪心，那自己足夠的量就好。」小和尚對著多要的孩子說著。

「我沒想到會有這麼多小孩過來。」我驚訝的看著眼前的孩子。

「因為很窮吧……」學長語重心長的說著。

　　時間回到早上，火車哐嘟哐嘟，駛過一段段荒地，印度 3A 的床位雖然沒有冷氣，但半開的窗吹進來的風很涼。

　　前天晚上到火車站有點嚇到，地上都躺著人，有的還準備了墊子。整個車站人多到不像晚上十點多，熱鬧的聲音從月臺方向不斷傳出。我們經過一群死屍（躺在地上睡覺的人），找個空地也放下行李候車。

　　我們搭乘凌晨一點半的火車，睡的是臥鋪無冷氣。印度的臥鋪有三層，一般背包客都會選擇最上層，這是大家給我的建議，所以在買票的時候特地選了最上層。一開始到了火車站還真有點沒有頭緒，沒想到會有九個月臺。即使走到了月臺上也還是不知道車廂的位置，因為不像臺灣會標註第幾車廂。

　　進入火車車廂後，一片漆黑，打開手機的燈，幾雙眼睛瞪著，好不自在，但又不能因此關燈，畢竟我們第一次坐沒有概念。一找位置才發現有張床位被占走了，還好阿三人還是不錯，立刻讓了床位。本來還想說要把行李鎖在床下，發現床其實很長，就把背包搬上去，放在腳邊。

　　早上六點，睜開眼，已是清晨，日光透入床沿，把大家叫醒，準備好行李，準備下車。

「你好，你們是日本人嗎？」

「不是，我們是臺灣人。」

一名小和尚向我們打招呼，他是菩提迦耶寺廟的和尚。

「喜歡菩提迦耶嗎？」

「嗯嗯，還不錯。佛祖升天的地方在哪裡呀？」

「不在這兒，如果你們想去，我可以帶你們去，不過要搭車去，你們有錢嗎？」

「如果不貴，我們可以去看看。」

「好，那等我一下，我帶你們去。」

小和尚收拾好東西，穿上鞋，帶著我們離開寺廟，在門口打了電話，沒多久出現一臺嘟嘟車。

「這幾天迦耶這邊的司機罷工，很難叫到車。這位司機是偷偷出來載我們的，希望不會被發現。」（罷工？！這是真的嗎？）

「這邊有遊客嗎？」

「嗯……偶爾會有一些像你們這樣的遊客，但大多都是進香團，來參拜佛祖的。整體而言還是很少，這邊沒辦法靠觀光賺錢。」

我們從迦耶火車站到菩提伽耶一路上都沒看見任何遊客，唯一看到的只有一群泰國和尚在寺廟裡打坐。整個城市看起來很落後也很窮困。我們跟著小和尚參觀了幾個寺廟，透過他的講解讓我們知道了很多佛教的故事。其中在一個山洞裡擺有一尊佛像，小和尚平時

在菩提伽耶不知名的小村莊捐助白米，非常多小孩只能用衣服盛米回家

沒事就會來此打坐，旁邊有條「哈達」聽說是達賴喇嘛留下的。

「你需要我幫你唸一段佛經嗎？」小和尚突然對我說著。

「嗯……我是不需要，不過如果你可以唸一段給我奶奶聽，我會很感謝你的。」

「當然可以。」

我拿出掛在胸前奶奶的照片，將照片放在佛像前面。聽著小和尚對著佛像唸了很長一段經文。他的聲音低而沉穩，聽著聽著眼睛不自覺的閉上，腦裡環繞著他的聲音，慢慢，慢慢地。（奶奶，這裡是釋迦牟尼升天的地方，在這裡聽佛經很有意義吧！希望妳會喜歡！）

「你們接下來還想去哪兒嗎？」小和尚問我們。

「你有推薦的嗎？」

「如果你們不介意，我可以帶你們去看看這邊村落的狀況，可以的話希望你們可以捐點米給他們。」

我們討論後覺得可以，便買了一袋米放在車上。

車子往小路走，越開越不像是路，晃動也跟著變大，手如果沒有抓住車沿感覺都快掉下去。突然車子急煞，我們都嚇了一跳：

「怎麼了嗎？」

「等等，我問問。」小和尚也不知道原因，便問了司機。

「你看前方有一群人，他們手裡好像拿著棍棒，我覺得是他們發現我偷開嘟嘟車接客被發現了。」司機說著。

「那我們怎麼辦？」依藍緊張的說著。我與學長也不知道該如何是好。小和尚安慰著我們：「不要擔心，他們不會對遊客還有和尚下手，我保證你們不會有問題。」（只有司機被打我們也走不了啊！）

即使他這樣說了，我們還是很擔心。就算他們不會打我們，也可能會搶劫我們身上的錢財。小和尚與司機討論著，看著前方的人等著我們過去似乎也等得不耐煩了，深怕他們就這樣衝過來。司機當機立斷決定掉頭。

「我們從另外一條路過去吧。不過另外一條稱不上路，會有點顛簸，請你們抓牢。」

小和尚這番話讓我們稍微安心一點但也疑惑那條不是路的路安全嗎？

車子轉向另一個方向，開進了草叢，開過了無數個水窪，沿著被人踩出來的痕跡過去。經過了村莊，路上雞羊豬牛望著我們。幾度搖晃都讓我飛離椅子，這真的是跌跌撞

撞。

村莊裡的小孩看到我們都奔跑出來，車速不快以至於他們可以追上，有的甚至跳上車。他們只是抓著車尾給車載著享受風吹過的快感，並沒有對我們做出什麼不好的舉動。車子開到一顆菩提樹旁停下，附近三五成群在玩的小孩集結過來。

有的小孩沒穿褲子，有的沒衣服，基本上都沒有鞋子。臉上左一塊右一塊泥巴，衣服是無數手抓過的泥痕，他們好奇的看著我們，我們害羞的看著他們。

「孩子們排好，這幾個哥哥姐姐買了米來給大家，等下一人拿一斗，不要搶，拿完記得說謝謝。」

小和尚對著孩子說著，很快的一個一個排好。我們拆了線，拿出米。這邊沒有盛米的工具，所以一斗米就是我們雙手捧著一次的量。但是我們的手比他們大很多，正當我好奇他們要拿什麼裝的時候，幾個小男孩把衣服脫掉，用衣服裝米。小女孩則是掀起衣服裝。而沒穿的趕緊跑回家拿衣服出來。我們三人一邊發放米，一邊用相機記錄下這一刻。

到目前為止，我都用最省錢的方式旅行，從沒想過要花大錢。這袋米可能是我目前花最多的一次。但這次我花的很值得，覺得能幫助到人比什麼都開心，我知道這些米可能只夠他們吃幾天，但至少可以吃飽，總比幾天都只能吃著加水加到不能再稀的粥好。

小和尚跟我們說這邊的人得不到政府的補助，只能靠寺廟拿來香客捐贈的錢來救濟。所以有很多人向政府抗議，除了司機罷工外，這裡工廠員工也很常罷工。這些小孩誕生在這裡並不是為了承受這些苦難，然而他們沒有選擇權，嚴峻的環境讓他們只能盡可能的活下去。

「你們回國後，我希望你們可以把我們的事情傳出去，讓大家知道我們需要幫忙，也是為了這些小孩。」

那晚回到旅館，我躺在床上想了很多。頓時覺得自己是幸福的。

6/ 最美宮殿

「答應我，為我蓋一座世界上最美的城堡。」

「啊？依藍妳說什麼？」

「這是沙賈汗的妻子死前對他說的話，很浪漫對吧。」

「嗯……對呀。」

泰姬瑪哈陵應該是印度最最知名的建築物，在所有關於印度旅遊的介紹書籍裡面必定提到的地方。而她也確實擁有資格成為印度之最。從當地的導覽會發現城堡所用的建材來自世界各地，從中國、朝鮮到阿拉伯世界的材料完成了這座城堡。與她一樣使用不同國家建材的建築物大概只有土耳其的聖索菲亞大教堂吧。同時也證明了王國的強盛才足以動用這麼多國家的資源。

昂貴的門票外，多半來此的遊客都會被半強迫的請一個導遊講解。當然你可以拒絕，不過他就會用聳動的內容跟你解釋為什麼你需要一個導遊。一位站在我眼前的印度人就這麼說著：

「你知道嗎？每天在這裡的遊客很多，印度人也很多，那些印度人都很窮，他們會趁你不注意的時候偷你們的包或錢。但是如果你有導遊的話，他們就不會靠近你！」

「既然印度人很窮，他們怎麼進得去景區，這門票 1000 盧比耶！」

「我們只要 40 盧比。」

「呃……這樣啊。」

「你看，我有導遊證，我是正規的導遊，絕對不會騙你們，你們請我吧。我可以算你們當地人的價錢。」

「當地人還需要請導遊嗎？而且不是都很窮嗎？」

「有的……印度人也是有很有錢的。」我們覺得跟他玩夠了，轉身離去，留下懊惱的他。

傳聞中沙賈汗蓋完城堡後並不住在這裡，而是被監禁在另一座城堡裡，監禁他的人是他的兒子。王子們互相爭奪皇位，最後勝出的那位王子順手將他升格成太上皇，從此不掌權。新國王擔心老國王復辟，便將他流放到紅堡。幸好紅堡還可以看見泰姬瑪哈陵，老國王每天就在頂樓望著泰姬瑪哈陵，終於在臨終之後與愛妻合葬在泰姬瑪哈陵。

除了泰姬瑪哈陵，我們也參觀了紅堡與小泰姬陵。在小泰姬陵裡有一群印度婦女彎著腰在田裡忙著，看到我們便揮手要我們過去，他們要我們拿出相機拍她們。本來我以為這是她們表現熱情的方式，結果拍完後她們伸出手：

「什麼？」

依藍望著最美麗的宮殿，
期盼著自己的愛情到來

我拿著學長的相機，試著
捕捉美麗的泰姬瑪哈陵

「錢、錢。」

剛剛真有一瞬間我還以為是熱情，用這種方式要錢比明碼標價還糟糕一百倍。我們沒理會她們，轉身離開。正準備踏上城堡發現必須脫鞋，旁邊一位老人靠過來表示鞋子暫放需要繳錢。

「怎麼什麼都要錢啊！」我抱怨著。

「這裡是印度，不是臺灣，你還沒發現嗎？」學長吐槽著我。

最後我們決定不繳錢，把鞋子提著到另一邊放下，就不相信那個老人會追到這邊來收錢。

7/ 印度電影院，觀眾比電影還精彩

隨著學長的離去，我們也開始著手下一步。依藍估計還會跟著我旅行大約一個月，我們決定往北印移動。我們到新德里火車站買車票，車站有專門針對外國人的窗口。

聽說會有很多騙子把老外騙到其他地方買票，在來火車站之前，我已經打聽過位置，中間任何阿三搭訕我都不理。領了號碼牌，跟一群老外坐在大廳等著。這邊是禁止印度人進來，不知道這是保護遊客還是怕我們看到他們真實的模樣。

入口的門打開，一位大叔進來，左顧右盼，似乎在尋找什麼。看了我們一眼，突然向我們走來。

「你會說中文嗎？」突然被這麼一問，也是覺得很新鮮。如果我今天真的聽不懂中文，不就會很疑惑他在說啥嗎？

「會啊，我會說！」

他聽到中文，非常開心。

「太好了！我問了好多人都沒人理我。」

互相了解後知道他是上海人，今年 66 歲，名字叫云慶。退休出來旅遊，半句英文都不會，而且沒有行程。他希望我幫他規劃一下，於是我把我知道的幾個城市報給他，由於

訂車票需要填表，填表需要英文，所以我順手也幫他填了。我們一起到櫃檯，買完我的車票也幫他處理完。

「你這樣一句英文都不會，怎麼解決溝通問題？」我好奇的問他。

「全世界華人這麼多，我就不相信找不到一個會說中文願意幫我的人。你看，我不就找到你了嗎？哈，我從旅館走到這裡也是問了一位華人才知道火車站在這裡的。」

「那你是為什麼到印度？」

「我是來幫我媽媽祈福的，我媽是佛教徒，我想說來印度幫他求個平安。」

「你媽媽幾歲了呀？」我驚訝的問他。

「我媽媽今年 99 歲了，因為明年她 100 歲，所以才特地過來。」

聽完後，我非常佩服他，確實如他所說，講中文的人很多，還真的不用擔心遇不到。不過也是要非常有勇氣才能這樣出來。我跟他說，未來如果還有交通、住宿的問題都可以問我。他果真在離開後，接連好幾個城市都請我幫忙訂旅館。

車票買完後，我們閒來沒事，決定去看個電影。我們搭公車到電影院，電影票價按照座位分價錢，越前面越便宜。我們買了 90 盧比的座位，大約在第八第九排左右，位置還算不錯。電影院分上下兩樓，樓上肯定是更貴的，但似乎前三排只要 60 盧比。可能這樣說你們沒概念，60 盧比大約 30 臺幣，很便宜吧！！

電影院只有一部電影上映叫 Toilet。（寶萊塢年度票房季軍，2017 最賣座愛情喜劇！真人真事改編。）

劇情是描述一個城市少女（潔雅）嫁給一個鄉下人（凱夏夫），兩人在第一次見面就天雷勾動地火，很印度的就唱起歌，跳起舞來。然而潔雅結婚後才發現鄉下沒有廁所，當地的婦女必須趁早或夜晚集合好步行到村外，手拿電燈跟水，到草叢裡小便。

潔雅不願意這樣，便一直想離開，除非凱夏夫願意在家裡安裝一個抽水馬桶。凱夏夫為了讓她上廁所，想了很多招，譬如去有錢人的家裡上，或是每天去火車站的火車裡面上，甚至男主還因為偷了一個流動廁所而坐牢。但最後潔雅還是跑回娘家，並把事情報給報社，一時媒體爭相報導。

最後凱夏夫終於蓋了一間廁所給她，但一直得不到父親的體諒還遭父親破壞。他試圖尋求村裡面的大眾及長老的認同開了個會議，但是在會議上可以看到女性都集中在一旁完全沒有發話權，最後因全村的男性反對而否定了提案。原本要離婚的兩位，因為法官認為

理由不足而取消離婚。

本以為就這樣不歡而散，沒想到因為男主奶奶突然肚子痛，撐不到村外只好用了凱夏夫蓋的廁所。奶奶上完廁所後才發覺家裡有個廁所多好，也因為如此，凱夏夫的爸爸因此同意。電影最後的畫面是他們站在新蓋的廁所前面剪綵。雖然這個劇情很搞笑，但是不是也間接點出了印度女性的地位低落。

有趣的是他們電影片長 150 分鐘還分上下半場，中間休息十五分鐘。在電影開播前突然全體豎立，電影飄揚著印度國旗及國歌，我們跟著站著。

由於整部片沒字幕都說印度話，我們聽不懂，不過只要有搞笑內容就會出現非常多笑聲；只要男主說了很正義或很帥的話，一堆男生會大喊「說的好！！！！！」之類的；當男女主角在一起時所有人都吹起口哨而且歡呼，當男女主角要接吻做愛時，畫面一黑，然後就隔天了。

回到旅館，整理完行李，把房退了。由於最後都還是要回到新德里，所以我們把依藍的登山包寄存在青旅一個月，把一些比較重要的物品都集中在我這兒，整體上減少了七八公斤。休息片刻，今晚九點半的火車去 Kalka。

8/ 我們小手拉大手，一起郊遊，今天別想太多

我的病情似乎沒有好轉的跡象，除了每天幾小時的散步與外出用餐，大多數時間我都躺在旅館休息，這幾天依藍無微不至的照顧，讓我的病情好了很多。這是我旅行第一次生病，也是唯一一次。

這是距離依藍與我在瓦拉那西相聚後的第 15 天，我們從德里出發往西姆拉走，那是靠近克什米爾地區的一個城市，也是當年英國統治時期的夏宮。

在抵達的第一晚，我們睡在同一張床上，我吃了幾顆依藍買來的藥。她時不時的摸摸我的額頭，看看溫度有沒有下降。雖然我一直是昏迷的狀態，我仍感受到她的溫暖。

窗外傳來鳥鳴（早上了嗎？），我睜開眼看看周圍，窗外的光透射進來。
「依藍呢？」
我轉過頭看見依藍就躺在我身旁（該不會整晚都躺在這吧？）。
「嗯……嗯……」

「啊,不好意思吵醒妳了。」

「嗯,不會,你感覺好多了嗎?」

「好多了。謝謝妳照顧我。我覺得……我今天可以出門走走。」

「哈!那我們去走走吧。」

大病初癒的我走起路來還是非常吃力,沒吃早餐導致體力不支搖搖晃晃的,依藍靠過來牽起我的手。就像在尼泊爾的時候一樣,一股好久不見的溫暖。

「對了,你昨天怎麼知道哪裡有藥局啊?」

「我問老闆的。」

「你不是不會英文嗎?」

「哈,我就用最簡單的呀。」

「那你怎麼說的?」

「就……my husband sick, I want buy medicine.」

「妳說 husband 啊?!」

「對啊,這樣他才會覺得很嚴重啊。」

「哈!說的也是。」

在印度的沙漠裡,我
想我們確認了彼此

這時我才漸漸感覺到山邊吹來徐徐的涼風。

西姆拉坐落在山丘上，由上而下類似梯田的樣子，層層往下。公路繞著山壁走，不寬，只有單線道。我們沿著公路往下，一邊是山壁，一邊是五顏六色的矮房倚著山層層堆疊，再遠一點可以看到雲海繚繞，氤氲裊裊，搭配模糊的山形成了一幅水墨畫。也難怪印度人喜歡來這度假，確實很美。

那幾天我突然很想知道依藍對我的想法，便鼓起勇氣問她：

「依藍，你會不會覺得只有我們兩個一起旅行很奇怪？你覺得要找其他人加入我們嗎？」

「嗯，我覺得找不找都可以，你覺得呢？」

「我覺得……我們一起旅行滿開心的，可是你不怕別人說什麼嗎？對了，妳媽知道嗎？」

「啊……我媽啊……她不知道呀，她以為我們有好幾個人耶，哈。別人怎麼說我不是很在意，我自己開心最重要。」

在印度，我們都是旅人，沒有國籍之分

「那……你覺得會不會……最後我們倆走著走著就在一起啊？」

依藍突然把頭別過去，白皙的臉龐透出微微紅暈：

「這種事情……我怎麼知道呢？」

「妳覺得會嗎？」我故意的再問了一次。

「哎呀，我不知道啦！」

（我想她可能也有點喜歡我吧，但這種事情要女生說出來可能有點難，所以我是關鍵嗎？是我嗎？我要說嗎？說吧說吧！）

「依藍，我……」

依藍轉頭看著我。

「我……也不知道會不會耶，哈哈。」最後我還是沒有說出口，可能是我怕聽到的答案不是我想要的。但我想要的就會是在一起嗎？我不確定。

9/Tibat，Hong Kong and Taiwan，We are friends forever

達蘭薩拉之所以有名不是因為這裡有什麼名勝古蹟，而是這裡有一位哲人，藏人的精神領袖：達賴喇嘛。

1959 年之後，這裡又稱「小拉薩」，代表著西藏流亡政府臨時的首都。

從西姆拉到達蘭薩拉需要一個晚上的車程，抵達時正好是早上六點。看著山坡上的城市，輕輕的嘆了一口氣（又要爬山）。我的身體狀況還沒有完全復原，走起路來還是搖搖晃晃，依藍緊跟在我後面以防我跌倒。我們沒有預定旅館，走到不能走就在旁邊找一間旅館住下。旅館是藏族人開的，員工是一群年輕人，不知道是不是因為我是臺灣人，他們對我格外友善。

我突然很想喝碗熱湯，卸下行李後便往市區走。一路上看到的都是身穿藏服的藏人，也有很多老外，似乎華人就少了些。藏人的飲食習慣與漢族類似，很快的我就找到有湯麵的店家，點了一碗喝下，真是人間美味。

聽說印度這邊的班公錯地區，中國人是無法進入的；相反的，中國地區的班公錯，臺灣人去不了。一想到這些事情就覺得好笑。依藍從小接受中國式教育，對於「臺灣不屬於中國」這件事情不認同外，藏族的叛逃也是不能接受。

其實她與大部分中國人想的都一樣，說的也差不多：「我們政府對藏民很好，大家都

誤會了。」但事實到底是好是壞，我們可能永遠不知道，就算親自去了西藏也不可能看到真實的那一面。

「聽說三天後達賴就回來了。」

「你怎麼知道？」依藍很意外，這種消息怎麼連一般人都能知道。

「上官網查的阿。你們不知道流亡政府還有官網嗎？」

「呵，我們不知道的事情可多了。」

我的病治癒了，依藍卻病倒了。我拿出印度買的藥給她，就像她照顧我一樣的照顧她。這幾天我們的活動範圍很窄，大多距離旅館不遠，因為我們的狀況都不太好。過了幾天聽說達賴回來了，很想親自聽聽這位享譽世界的革命鬥士的演講，可惜沒有緣分。祂還要休息幾天才有空出來。

不過其實也不是那麼沒收穫，在宮殿旁的博物館外，一位用著破破的中文說著：「關門關門了。」我回頭看是一位年輕人，大約 25 上下年紀或更小。

「你好，你們是中國人嗎？」

「不是，我是臺灣人。」

「喔喔！臺灣人臺灣人，你好」

「你……是藏民嗎？為什麼你沒有穿藏服？」

「哈，穿著有點不方便，我喜歡一般的衣服。」

我對他很感興趣，問了他怎麼來達蘭薩拉的。

「十二歲的時候，我媽媽要我來找達賴喇嘛，她在村裡找了一個阿姨幫我。有一天阿姨要我躲在車子裡，然後用帆布把我遮住，要我到邊境前都不准出來。車子開著開著到了邊境，車上叔叔帶著我偷渡到尼泊爾。

「尼泊爾那邊有人接應我們，他們把我們帶到藏民避難區，我在那兒住了一陣子，某天再透過另一個阿姨（因為他說不出其他稱謂，所以都說阿姨）開車把我送到印度的德里藏民村。阿姨要我找時間讀書，所以我就在德里的幾所大學裡旁聽英文、印度語。大概一年時間，輾轉來到了達蘭薩拉，追隨我們的領袖達賴喇嘛尊者。今年是我到這裡的第十年。」

「你想媽媽嗎？」

「想，很想，但是我不可能回去了。」

「那……你後悔嗎？」

「有時候會，但是大部分時候都不會。」

他坐在椅子上，前面擺著另一張椅子，上面放著兩本小冊子，頁數都不多。兩本都是詩集，一本他自己寫的，一本是西藏那邊的藏民寫的。那本詩集是他第一次的創作，我翻閱了幾頁發現內容都是用英文寫的，他說他的英文都是在德里大學學的，果然越惡劣的環境下，為了生存，學習能力越強。

最後我並沒有跟他購買，不過他也沒有跟我推銷，價錢還是我自己問他的。離開的時候，依藍跟他說了一句「扎西德勒」，那個藏民突然很開心的也回她一句「扎西德勒」。後來我才知道那句話意思是「祝福他吉祥如意」之類的話語。

記得以前曾經看過一本書，是一位西班牙記者到達蘭薩拉採訪達賴，當時接待他的是一位臺灣人，聽說還是達賴的中文翻譯人，不曉得那位臺灣人還是不是在這裡。

10/ 那一句‧在一起

離開達蘭薩拉，我們搭巴士前往阿姆利則，這是印度錫克教的大本營。我們沒有選擇住在青年旅館，而是在錫克廟裡面住下。當晚依藍再次病倒，可能是被我傳染，也可能是舟車勞頓造成的。自責的我只能守在她身旁照顧著她。

「我沒事啦，你要不要出去走走啊？」依藍對我說著。

印度隨處可見的攤販裡
有著令人驚訝的技藝

「不用啦，我在這照顧妳吧。沒有網路，什麼事也做不了，妳會很無聊的，還是我陪妳聊聊天吧。」

依藍病了快三天，好幾次睡到一半醒來，我也不知道該怎麼照顧她。早知道會傳染給她就不應該讓她照顧我。本來就瘦的她，幾天沒吃正餐讓她更是消瘦，我很擔心卻又沒有辦法，頓時覺得自己很沒用。

「依藍，對不起，是我傳染給妳了。」

「啊……你不要道歉，這不是你的錯，是我身體不好。」

「如果妳一直沒有好，別擔心，我會一直照顧妳的！」

「你……你在說什麼呀。」

「我是認真的。」

「嗯……我知道。」她默默的笑著。

過了三天，依藍明顯好了很多，我們到餐廳用餐，然後到黃金廟的水池邊坐著。

「欸，依藍！」

「嗯？」她轉過頭看著我。

「我們……在一起吧！」

她莞爾一笑。

「嗯！」

11/ 執子之手

「我跟我媽媽說了，她……似乎不希望我嫁到臺灣，她覺得太遠了。」

「是嗎……」

「也許我們不適合，也許你應該找個臺灣人在一起。」我聽得出依藍的聲音帶有遺憾。

「我說……依藍，我在臺灣嘗試過很多段感情，很可惜都沒有成功。曾經有一位女孩讓我動心，我心裡默默地決定要照顧她一輩

在印度，我們牽起了手

子了。」

「嗯？」她轉過頭看著我。

「但是我跟她並沒有走到最後，她傷透了我的心。她提出分手的那一晚，我像失了魂。此後我還有過幾段不成功的戀情，其實我知道問題都出在我，因為我對婚姻已經感到死心了。」

「嗯……」

「我是個不婚族，也許只是我逃避認真面對一段感情的藉口。我想過，如果遇不到能讓我再次感動的女孩，我這輩子也就孤單一人吧。」

「離開印度後，你還有半年的時間在旅行，也許你會遇到別的女孩，也許她才是你的『對的人』。」

「我沒辦法反駁妳的話，但此刻我不想違背我的想法，我覺得那個能陪我跟我走一輩子的人就在這裡。不是以前遇到的那些，更不會是未來連個影都沒有的人。」

我接著說：

「從來沒有女孩可以陪我逛三天的博物館，從來沒有女孩可以和我談歷史，從來沒有想過女孩可以陪我睡公園，也從來沒有一個女孩不矯情到陪我吃印度街邊小吃。雖然這些都只是藉口，但希望妳明白我的心意。」

「我隻身到臺灣，沒有家人，也沒有朋友，我不知道我是否能適應。」

「那也沒關係，我可以搬去溫州住，又或是我們在其他國家找個城市待著。」

我握著她的手，看著她。

「依藍，我發誓，如果妳願意跟我去臺灣，我絕對會對妳很好。雖然我沒有錢，那也只是現在，等我回去當工程師，收入自然就會有了。」

「其實……我不擔心錢的事，我們倆都不是那種會亂揮霍的人。我只是擔心去了臺灣沒有依靠。」

「我會是妳一輩子的依靠。」

「嗯……我……願意跟你去臺灣。」

我開心的抱著依藍，甚至有立刻跟她飛回亞洲的衝動。周圍的老外看到我們相擁，也說著：「恭喜恭喜。」

雖然他們聽不懂中文，不過那個畫面看起來大概就是很像告白吧。那天，我倆約定，等我這趟旅途結束，我會踏著七色雲彩飛過去接她。

12/ 印度跟巴基斯坦其實關係很好吧？

這幾天到了下午兩點左右，都會有一堆嘟嘟車司機喊著：「印巴邊界～印巴邊界～」價錢很公道，不會被坑，今天我們也過去瞧瞧。

我們在達蘭薩拉吃麵碰到的楊叔叔夫婦，這次在阿姆利則再次相逢。我們約好一起到印度巴基斯坦邊境觀看降旗儀式。印度跟巴基斯坦感情似乎不好，正當中印對峙之時，巴基斯坦不斷騷擾印度，與中國成犄角之勢，但是這邊降旗儀式倒是互相配合，看不出煙硝味。

搭上休旅車，車子開了約一小時，到了 google 地圖上非常接近巴基斯坦的地方。一下車，一堆印度人拿著水彩筆跟幾瓶顏料靠過來，就要在我手上畫上印度國旗時，我趕緊阻止他們，因為那是要收費的。旁邊還有賣印著「我愛印度（I love India）」的帽子，印度國旗、小吃還有水。

我們用走的到邊境，大概有五個安檢站。而我們這些所謂的外國人，想不到竟然可以享受 VIP 待遇快速通關，一路如入無人之境，手上拿著護照，一馬平川，看著阿三排隊，我們幾乎是不用停下腳步。有些投機阿三想排我們這邊都一一被抓出來。第一次，真的是第一次感覺到出國被禮遇了。

抵達邊境往兩側看臺走，我們是坐在椅子上，印度人卻坐在石階上，只有少數有錢印度人也享有椅子。

看臺往右邊看有一個門，就是印度巴基斯坦邊境大門，兩國的門大約相距一公尺中間還畫有一條白色線，兩側各有各國的國旗飄揚。連接國門的一側是長長的步道，估計是等下給表演的人員用的。

會場響起音樂，是印度熱鬧的音樂，仔細聽，會聽到吵雜的音樂中帶有一段慢慢的柔柔的音樂，原來是隔壁巴基斯坦伊斯蘭風格的音樂。音樂漸大，印巴兩國各自將音樂放到最大聲，整個會場誰也不讓誰。巴基斯坦那邊的觀眾也漸漸多了，很快那邊的看臺也充滿了人。

會場中，有賣冷飲的，爆米花的，扇子的，還有賣服務的，就是幫你搧風的。很扯吧？！有錢的印度人就會買。

時間接近六點，一群女孩跟小孩出現在步道上，警察發給他們非常大的國旗，一個個

拿著竿子往邊境門跑去又折返，不斷的重複，看臺上的觀眾也下去跟著玩。這活動限定女性，不知為何，每當有小朋友或洋妞舉著印度國旗跑過，看臺上總是掀起一股歡呼聲。

一群舞者出現並且跳起舞，也一樣只有女性加入，洋妞下臺加入，感覺就像夜店一樣，各領風騷，不過這是在白天。對面的巴基斯坦也一樣放著「動次動次」的音樂，估計也是一堆人。

時間來到六點，舞者散去，幾名軍人出現。軍人的穿著很浮誇，頭頂一個大大的雞冠頭帽子。

主持人拿著麥克風在跑道上唸唸有詞，看臺的阿三們很興奮，突然主持人喊著「按你妹！按你妹！」觀眾也 Oh Oh 的大聲喊著，對面的巴基斯坦幹著差不多的事情。突然，一聲「啊俄～～～」兩邊的人都這樣喊，好像在比賽誰的氣比較長，然後一聲「啊斯呢！」作結尾。

一名軍人開始行軍，行軍的步伐誇張，腳抬高的角度幾乎可以踢到他們的雞冠頭帽子，一靠近門，巴基斯坦那邊也一個人過來，然後一個挑釁的動作停止幾秒。觀眾大喊，估計也是叫囂。幾次一樣的規律下來，發現兩國的動作一模一樣，除了挑釁動作不一樣外，其他真的一樣。然後在解開旗杆的繩子時互比速度，還比誰降旗降的快，非常好笑。整個活動都很像一場戲劇，兩國人民聲嘶力竭吼著，一直到六點半結束。

我們離開時，一堆攤販賣著紀念品，我感覺這個海關除了表演外是不是無法通行呢？我們搭上車回到金廟，覺得看了一場戲。

13/ 沒有最糟，只有更糟

因為一場罷工，即將改變我們的行程，雖然這樣有點打亂了我們，但難得在印度碰到兩次罷工也是滿特別的。

凌晨三點半，楊叔叔起床整理好行李，搭車去火車站搭火車前往新德里。沒想到四點多他們傳來訊息說火車站沒有火車？！不能搭，他們只好回來。

這場暴動的主因是一個宗教領袖性侵了幾個女孩被判刑，似乎他的信徒覺得他沒有錯，因此鄉村包圍城市，把大城昌迪加爾（Chandigarh）的法院包圍，然後警察跟信徒發生衝突造成一些傷亡，而這場暴動伴隨著罷工癱瘓了火車跟巴士。

八點左右，我跟楊叔叔到巴士站詢問，連工作人員都無法給我答覆。

「巴士什麼時候會發車？」

「不知道！」

「這幾天有可能發車嗎？」

「不知道！三天？或者更久吧……」

得到的答覆就只說也許三天恢復通車或是更久。總之往德里方向的巴士停駛了。後來到火車站問，售票員的回答更神。

「火車會發車嗎？」

「通車？這個只有天知道啊！」

我跟依藍是不急，但是楊叔叔他們買了飛回臺北的機票，所以他們心急如焚，這突然的罷工打亂了他們的計畫。

因為罷工意外來到屋頂有飛機的小鎮

「小楊，你有什麼辦法嗎？」

「辦法是有，不過可能會很累，我們再去看看有沒有巴士可以搭吧。」我們決定到私人旅遊公司問問：

「請問你這有賣到新德里的車票嗎？」

老闆看了我們幾眼，問我們：「你們是中國人嗎？」

「不是，我們是臺灣人。」

「你可以證明嗎？」

「可以啊，你可以看看我的護照，你看。」我拿出護照指著臺灣的字樣給他看。

「好吧，我們今晚有一班車……但不確定會不會發車，人滿了就發，你們必須預定然後先付錢。」

「請問多少錢呢，如果沒發車是隔天也有一班車嗎？」

「1200盧比一個人，沒發車就沒發車，我不能保證發車。」

這個價格比正常的票價（400~500盧比）多了不少，我無法接受，只好再找其他辦法。

「啊對了，如果你問我是中國人的時候我回答是的話，你還會賣我票嗎？」

老闆笑著回答：「不會！」

我陪著叔叔先把火車票退了，然後想著怎麼到德里才好。整個喀什米爾地區都被斷網，首先我們得確保網路的穩定來源才行。於是請旅館老闆幫忙，畢竟他們自己也需要網路看印度電影。果然上有政策下有對策，很快就有了。

我查詢附近的小城市，問了一些印度人的建議，決定使用目前尚未罷工的市區公車，慢慢地往德里走，走一步算一步！

我們決定去一個小城市叫做賈朗達爾（Jalandhar），距離阿姆利則大概一小時車程。今天晚上如果他們到不了德里，機票可能就會報廢，他們的班機是隔天。

回到旅館，我們整理好行李立刻出發。我們這次不到巴士站，而是到公車站。我發現罷工的是長途巴士員工，不是市區公車。果然跟我想的一樣，如果只是到隔壁市區的公車是還是有在行駛。

我們搭上其中一臺往賈朗達爾的公車，然後在賈朗達爾的公車站再問站務人員有沒有往東邊走的車。但因為這是個非常小的站，沒有人說英文，我也沒有網路，只好想盡辦法解釋「往東」的概念給他們知道。

依藍跟楊叔叔他們在休息室等著，站務人員帶著我到辦公室，也許辦公室有人會說英文也說不定。

一個看起來像站長的印度人說出一句 "Where you go?" 我當場就安了一半的心。解釋完後，他們很好心的用印度文加英文把我可以去的城市寫在一張小紙上。

「你們如果不知道要怎麼走，就給印度人看這張紙，他們就會幫你！！」站長把紙遞給我。

很順利的找到一臺公車可以向東部前進50公里，來到了一個叫做諾奧爾馬哈爾（Nurmahal）的地方。中間還經過類似軍營的社區，有趣的是上車的人都沒有特別看我們一眼，但明明這裡都沒有遊客啊！

我們拿著那張站長給的小紙條，很快就遇到可以幫我們的人。這次是公車上的收費員，這裡跟臺灣不一樣，車上除了司機，還有一位收錢的，泰國好像也是這樣。

轉了兩次車來到烏普帕爾（Uppal）小鎮，聽說這個小鎮的人們會在屋頂上蓋飛機，我們覺得很好奇便打算參觀。公車把我們放在路邊，我們向站牌旁邊的店家詢問。他們好像從來沒看過遊客一樣，很興奮的問我們為什麼會來這兒，我們說想來看屋頂的飛機，他們都大呼不可思議。

聽說從站牌到那村莊還有兩公里，我們打算把行李放在旁邊的店家然後走路進去。沒想到他們堅持要騎車載我們，最後三人一臺摩托車。在出發之前他們還特地打了一通電話到村裡通知村民有外國人要來參觀，我們聽到都笑了出來，好熱情啊！

我們坐著摩托車抵達村裡屋頂有最大架飛機的那戶人家，裡面的人早已準備好歡迎我們。那家人除了女兒會說英文外，其他人都不會，所以我們的每一句對話，女兒都還要翻譯給其他人聽。他們的問題也都透過女兒來問我們，看著他們一下驚訝，一下歡呼真的很有趣。

他們拿出可樂、餅乾跟印度傳統甜食招待我們，我們就像明星大駕光臨他們家。為了盡到地主之誼，他們堅持載我們到每一棟房子讓我們拍屋頂，後來發現其實不只飛機，還有花、鳥或是其他動物的大型雕像立在屋頂上，不管如何都夠震驚了。

回到站牌等車，等了一個小時都沒有任何的車經過，我們回去請店家幫我們問問公車站，得到的答案很令人絕望。

「公車今天下午罷工了。」

只好在路上舉起大拇哥攔起車來，很快的就有一臺車停下願意載我們到公車站看看。我們四人把行李放上後車廂，車子開到公車站，載我們的印度先生幫我們問問裡面員工，結果發現公車司機們都坐在地上聊天，但就是不開工。

出於同情心，印度先生放我們在大馬路下車，因為他要往北開。我們再次舉起大拇哥攔車，沒多久先前那位印度先生似乎不放心我們，竟然又折回來，最後幫我們攔了一臺車而且幫我們確認過方向。

新的印度先生知道我們要去新德里，把我們載到交流道上面，然後攔了一臺公車，跟我們說先到魯得希阿那（Ludhiana）的公車站，那邊會有到新德里的巴士，距離不遠，應該不會罷工。後來我們真的順利的在晚上抵達新德里。今天真是令人印象深刻的一天！

14/ 粉紅城市：女人的城市

齋普爾。傳說中的粉紅城市。這裡出名的還有一個景點叫風之宮，原名叫 Hawa masha，他的翻譯讓人想到宮崎駿的作品，但其實完全沒有關係。

這兩天依藍發燒，我則是喉嚨發炎，幾乎只能在旅館附近散步。我食慾都還正常，依

風之宮是齋普爾最知名景點，從外觀設計到內部結構都令人印象深刻

藍卻什麼也吃不下，這幾天為了怕傳染給其他人，也就沒住青旅了。

　　旅館待久了還是會認識其他房客。在這兒我們認識了兩位中國背包客，一位叫侯 E，一位叫麗。侯 E 說有一間珠寶店很不錯，他靠這批珠寶賺了 5 萬人民幣，夠他一路玩到歐洲。我們決定過去看看。

　　我們在看珠寶的同時，幾個老外進來，看中幾個不錯的戒指，其中一個開價 2500 盧比，後來一直殺價，最後殺到 2000 盧比，老闆直接說這個價錢他不能賣。我等老外走了，問老闆如果我要買他賣我多少，他竟然開價給我 1200 盧比。

　　「這戒指原價 1000 盧比，白人通常只會來一次，但是中國遊客會一直來，所以我們給中國人的價錢都是批發價。」

　　我們在珠寶店待了很久，依藍幫她的親戚朋友都買了一點。而我也拿了一個，就是先前賣我 1200 盧比的那只。回臺灣後，我就送給了媽媽。

　　齋普爾真的是一個很有趣的城市，大部分東西都可以殺價。之前遇到的朋友說，在齋普爾不管什麼東西都要打對折殺價。依藍更狠，一間服飾店被殺到見骨，只剩 1/3 價格，而我買了一件衣服甚至砍到 1/4，可見他們亂開高價的習慣已經習以為常。

　　我們與侯 E 還有麗交換情報，因為他們兩位也是要到歐洲，所以我加了他們的微信，

廣場上時常有鴿子停留，
勾起了我們的未泯童心

不過離開印度後都沒有再遇過。

15/ 粉味變色：白色城市

早上抵達白色城市烏代浦爾，幾條小巷窄得只能容一臺嘟嘟車經過。會車很麻煩，司機四眼對視，基本上都不太想讓，不然這一讓就是後退退退退到大馬路上了。根本就是放大版的摸乳巷吧。

我們住的旅館評價 9.5 分，果然員工都很親切，最重要的是有廚房可以免費使用。我們在這裡碰到阿龍，剛好他也在這城市，巧的是還訂同一間旅館。

這裡食物意外的便宜，都只要 10 盧比，然後還有新鮮牛奶也是 10~15 盧比，頓時好喜歡這個城市。城市的牆壁上不時畫有印度風格的塗鴉，這讓我想到馬來西亞的檳城，不過我覺得這裡的更好看。那天我們買了菜跟麵，三人回到旅館開鍋，可以不用吃印度餐真好。

晚餐的時候邀請了旅館員工一起用餐，我們還幫他們準備了餐具：

「……」一名員工安靜地看著我。

「怎麼了嗎？」

「我……可以去拿咖哩出來配嗎？」

「……可以啊。」很快的他們就從冰箱拿出咖哩加熱，我本來還準備了叉子給他們。

「……」員工再次安靜地看著我。

「怎麼了嗎？」

「我……可以不用叉子嗎？」

「……可以啊。」沒多久他們就放棄叉子用手開始抓著飯吃了，果然夠印度。

這次跟阿龍見面只有短短兩天，本來重複遇到路上的朋友機率就不高，沒想到阿龍成為我一年半裡面碰到次數最多的朋友。在印度兩次，上海一次，杭州一次。他搭上往南的列車，選了一個從沒聽過的城市，沒想太多，他就這樣隱沒在印度的火車中了。

在烏代普爾我見到另一對臺灣夫婦老唐跟老楊（其實看起來並不老），他們是我在尼泊爾時，透過背包客棧認識的。我們相約在旅館一起吃午餐，吃完我們享受著旅館的印度

奶茶。

我們一聊就聊到下午五點，索性晚餐也一起吃。弄了些中式料理，或許有人會覺得都到國外還吃中式料理很奇怪，如果今天我們只出來一個月，確實很奇怪。但我們四人都出來有 N 個月了，說真的還能吃到中式料理真的很棒。

在烏代普爾的日子很悠哉，每天逛逛城市、市集。我覺得這裡應該是四色城裡面最有文化的城市，也是會讓我想再度拜訪的城市。

16/ 藍色城市：焦特浦爾

一早起床有種要離開的感覺，其實內心是有點不捨，但也必須繼續走下去。更讓我難過的是現金不夠了。

在印度領錢其實也沒什麼，可能是內心對這裡還是有點小害怕。一早差不多七點我就出門，趁著街上還沒有什麼行人時，挑了間看起來很大的銀行 ATM，輕悄悄的靠近，小心地拿出卡。我吞了口水，手心上可能還冒了點汗珠。不要覺得我很誇張，因為之前在其他城市我就試著領錢，但就是一直失敗，卡沒有被吃掉已經是萬幸。

按完數字，不到幾秒，「刷刷刷！」的聲音從機器發出來，成功了。領完趕緊把錢收到腰包裡，趁著沒人注意，匆匆的走回旅館。

從白色城市移到藍色城市，曾以為可以看到一片藍，事實上卻是滿地垃圾，至於牆壁，就是一般的牆壁，沒有烏代浦爾那樣美。

往藍色城市的巴士很有趣，有臥鋪跟椅子。椅子便宜點，但很多印度人都是幾個人擠一張床，我當時沒想到這招可以省錢。就這樣車子駛過一座山，在凌晨五點半抵達藍色城市，我們選在火車站下車，步行到我們住的旅館。

梅藍加爾堡（Medrangarh fort）是這個城市最為著名的景點，距離我們旅館有三公里左右。為了省錢，我拉著依藍陪我走去。

穿過小巷，加上路人的指示，我們找到通往城堡的小徑。因為城堡在山上，一路往上真的很累，九月的印度真的爆熱，熱得說不出話，斗大的汗珠拚命向下墜，最後我撐起了傘，再這樣晒，我的膚色就跟當地人差不多了。

聽說城堡門票 600 盧比，很貴，但又聽說其實不買票也沒關係。於是我們忽略售票口，直接往裡面走，沒想到真的暢行無阻。

我們計畫去另一個城市皇宮，距離 5 公里，我也不知道為啥我們不搭車過去，可能是覺得時間很多吧！我們走了一個多小時，中間停了三次，實在太熱。

到了皇宮，發現沒什麼特別，簡單說就是有錢人的住宅。我們在外圍繞繞，然後找了間露天咖啡廳坐下。點了一支冰淇淋，旁邊有一對夫妻，他們主動找我們聊天。男的問了我「月薪多少，怎麼有辦法玩一年？」我看他們很像有錢人，我就把收入跟他說：

「什麼？！你們收入這麼高？」他很吃驚的轉過去用印度話跟他老婆說。沒多久他老婆也露出很驚訝的表情。

我趕緊解釋臺灣低收入 22K 的事情，但也沒有讓他們覺得比較好。似乎 22K 對他們來說還是太多了。他嘆了一口氣，很淡定的跟我說：

「我不敢說自己很有錢，但是我有自己的店。我賣影印機，影印機你知道是什麼嗎？就是可以複製紙上的東西的機器。我讓我的家人不用去擔心錢的問題，印度……你知道的，我們的東西都很便宜。所以我有時候覺得自己已經過得很好了，今天聽到你們臺灣的

遠眺藍色之城，有種說不出的感動

收入，真的，真的有讓我很意外。你去了這麼多國家，你能跟我說你覺得印度的消費在那麼多國家裡面算高還是低嗎？」

突然的一個問題丟過來，讓我有點不知道該如何回答。

「我⋯⋯覺得印度算是很便宜的國家。我無意冒犯，我去的國家不多，但我想印度還是排在便宜的那一邊。」

無獨有偶，那天回到旅館，在我們準備離開去搭車時，工作人員竟然也問我一樣的問題。這次我直接說臺灣平均就22K，結果他還是很吃驚，天啊，到底他們薪水有多低啊！

17/ 金色城市：賈莎梅爾

搭上夜車，我們前往沙漠城，旅館老闆說可以來接我們，聽起來滿好的，我以為老闆是自己開車來，結果也是讓我們坐上嘟嘟車，然後他再幫我們付錢。我以為當地人收費比

金色城市裡的建築透過
陽光反射出閃閃金光

較便宜，沒想到也是貴桑桑。

賈莎梅爾的旅館便宜得令人難以置信，有的一晚只要 10 盧比。到了旅館沒多久，老闆就開始推銷幾種沙漠行程。我很有耐心的聽完，其實我只關心價錢，在來之前已經問過其他朋友，所以價錢我是有底的。老闆一開口就是 2000 盧比一個人，我心裡價位 1400，於是我跟他殺價，老闆很堅持他給的服務很好，去的都是私人景點，對我來說還是太貴了，我放棄跟他討論了。

下午我們出門時，他又過來跟我討論價錢，這次他直接喊 1500，我也不管了。我們走到之前朋友參加過的那間旅館，一問價錢直接下殺 1400，本來想在殺價，但是看來是底線了，我們也就同意了。

四處逛逛後，晚上回到旅館，老闆又來，開始跟我訴苦房費很便宜，他們沒賺錢，都是靠沙漠行程賺錢，然後其實也沒賺多少，說了一堆，還跟我說，我們這麼聰明應該可以理解他們的辛苦，最後我還是微笑面對他，他難過的離去，很巧的是，不到 10 分鐘，房間竟然被斷電了 ...... 我心裡想不會吧！往窗戶外一看，確實黑壓壓一片，應該是我想多了。

伊朗 Iran

德黑蘭→卡尚→伊斯法罕→亞茲德→設拉子→克爾曼沙赫→大不理士

1/ 逃離德黑蘭

第一天抵達伊朗時我發現了伊朗幾個特點：

1. 首先是伊朗不能使用 Facebook、Line、WhatsApp 還有 Booking 或 Agoda 等軟體，我非常不適應，下載了很多翻牆 App。然而其他中國朋友倒是很適應，畢竟他們本來就不能用這些，他們兩國友好是因為政策相同嗎？！

2. 還有就是他們稱呼中國叫 "Chin"，這聽起來很像秦朝的秦，不知道會不會是古波斯王國當時對中國的印象就是秦朝，所以才有這個稱呼。

3. 伊朗女子上街很少單獨出門，基本上都會搭配另一名女子：媽媽或閨密。然後她們不會跟路上的男子交流，我曾問一名伊朗男子如果她在街上看到喜歡的女生要怎麼搭訕，他回我：「先用眼神交流看看對方是不是也有意思，如果對方也有就偷偷塞小紙條給她！」聽到這裡我已經不知道該不該相信就是了。

我與老張認識的過程是很隨便的，就在機場承辦落地簽的辦公室外，一位在我眼裡看起來有點土的男子，他似乎不知道怎麼辦理落地簽。這也不怪他，因為關於伊朗落地簽的資訊本來就不多，加上不會英文就會變成很難的一件事。

臺灣跟中國都需要付 136 美元買落地簽。起初他們還以為我是泰國人，堅持只收我 80 美元，我樂得少繳費，直到護照一刷才發現：「錯了？！原來你不是泰國人啊？！」

「我不是一直說我是臺灣人嗎？（Taiwan Thailand 傻傻分不清楚）」跟我道歉後又討了 56 美元。

在等簽證的同時剛好又來了幾名遊客，其中一位就是老張。看著他用彆腳的英文跟服務人員說著，最後我看不下去出「口」幫忙，同時也約了他一起離開機場，我心裡想的是可以平分計程車費，不過他似乎打算跟我同遊伊朗了。

步出機場立刻發現我倆的旅遊方式差得可遠了，他老張走的是土豪遊，跟我這窮遊小子不在一個頻道上。我不斷跟一堆司機砍價，這個不行就換下一個，老張後來一句：「這

小錢，別擔心，我出！」我差點叫出「大哥！」了。

我跟 Gabby 約在德黑蘭 Mellat 地鐵站附近，等到了那邊才想到我們沒有網路要怎麼聯絡，趕緊到附近的旅館借借網路。會合後想著解決住宿問題，老張直接在 Gabby 隔壁訂了一間：「迷斯，你今天跟我住吧，不用付錢沒關係！」

我差點又叫出「大哥」了！老張真的對我太好了。

2/ 薩隆

「薩隆」是我學會的第一個詞，是你好的意思，基本上走在路上每個人都會跟你打招呼。

隔天一早我們五人往巴士站去，目的地是下一個城市：卡尚。

卡尚感覺有點像印度賈沙美爾，是個沙漠城。我們背著包穿梭在一堆旅館間試著找出最便宜的旅館，有一間接待員看我們都背著包，直接就問我們是不是要找便宜的，還拿了地圖給我們指示哪幾間旅館的價位適合我們。我們找到一間每人只要 8 美元的。

由於我現在跟著四位中國朋友一起，每當自我介紹時我總是最後一個說："No, I come from Taiwan."

某次在卡尚街頭有一位婦女很驚訝的問我為什麼臺灣人會跟中國人走在一起？！還有一次碰到一個老人對著我說：「香港跟臺灣都是中國的！」聽說伊朗很喜歡中國，自然對中國人的幫助也就比較多。

這部分我有特定做過實驗，當我說是臺灣人時，多半是不冷不熱，說到日本人反而有點忿忿不平，如果說是美國人時，那反應很兩極，有的很崇拜美國，有的恨不得把所有知道的負面字都用上。

這感覺就像我在印度時曾經被印度人當面罵：「我們不喜歡中國人，你來幹嘛？快滾回去！」我記得我當時是回他：「抱歉我不是中國人，我是臺灣人。」害他尷尬了幾秒。對於這些人的反應我都覺得滿有趣的。

我們到卡尚的時間是週五，街上空得跟無人城似的。商家都關著，也沒有什麼人煙，我們真的覺得被放空城計了。後來才知道週四週五是他們的假日，週六是他們的第一天，

也就是說他們是週六開始週五結束。這其實是根據他們的波斯曆法來看的，有點像我們的農曆一樣。恰巧碰到過年，晚上才出現很多小攤販提供著免費茶水飲用。

飢腸轆轆，我們走了很久才找到一間仍然開著的雞肉店，用不鏽鋼棒穿過整隻雞，一枝不鏽鋼棒大概可以串五隻雞，然後由上到下約莫五枝棒子，一排排的大約 25 隻雞，旋轉著，後方是火爐烤著，香味四溢。

我們沒有考慮太多，直接進去兩人買一隻吃。店外架起棚子，四五個人拿出茶杯，開始一杯杯裝滿茶在路上發放，我們這群老外直接就拿到了一杯，就這樣喝茶配著雞。卡尚的第一天很完美。

3/ 你思故你在

清晨的伊瑪目廣場，沒有多少人，站崗的軍人比來晒日光的人多。廣場一側，一張幾尺長寬的霍梅尼（Khomeinī 臺灣翻譯成柯梅尼，但我覺得姓霍感覺比較厲害）照片高掛著，好像他一直注視著這個建國近 40 年的國家將如何走下去。另一側有一座大水池，水池旁邊是著名的 Bazar，翻譯成中文就是市集。廣場一圈都是商鋪，賣著不同的東西。

太陽逐漸攀爬，越多的人出現在廣場，幾名貌似學生的女孩各自選了一個位置拿起書本閱讀，也有一些坐在水池邊。一名老人沿著水池走超過半小時，不知道有沒有什麼意義。我發現大部分剛到廣場的人都會先去水池邊看一下，或許在呢喃著什麼，但我不清楚。

1979 年左右，霍梅尼趕跑了前國王，結束了薩法維時代，建立起新的政府，國家也改名叫伊斯蘭共和國，雖然我們還繼續稱呼著伊朗，但已不是之前的伊朗了。

我在影片及書籍裡讀到，霍梅尼是在萬眾期待下建立起國家的，這是我在來伊朗前的印象，不過這幾天在伊朗的日子讓我稍微改觀了。

第一天抵達伊朗時認識的女孩是庫爾德人，還有昨天在學校碰到的女學生，我向她們都問了同樣的問題：「你喜歡霍梅尼嗎？」而他們的答案都讓我驚訝。

「呃……不太喜歡，不過其實我們不能討論這些的……至少不會在街上……」

兩位都不愛霍梅尼，學生反而喜歡被趕跑的國王，這讓我很驚訝。伊朗人對庫爾德人的不公平從很早就有了，他們自然對政府沒有好感。不過說實在的，好像很少有國家會喜歡自己的總統，臺灣不也是這樣嗎？

「那你覺得庫爾德人想獨立這件事情有什麼想法嗎？」我問了女學生這個問題，我不知道這樣是不是很不禮貌，但我一直都很喜歡探討這些可能無解的問題。因為有時候當我們站在多數人那邊時，往往會忽略少數人的權益，又或者是用自己覺得對的方式去處理少數。

她一時語塞，想了想，她說：「因為……我沒去過庫爾德人的城市……所以我也不知道他們的想法。嗯……但我有一些庫爾德族的朋友……」

我感覺到她似乎有種莫名的負面印象在裡面，但是她現實中碰到的人與想像的又不一樣，兩種印象產生衝突讓她不知道該如何回答，所以無法輕易下定論。最後她並沒有給我一個像是答案的答案。我想無解或許就是一種解答。

在伊朗，隨處都可以見霍梅尼的肖像，伊瑪目廣場旁好幾副武器裝備擺飾著，似乎最近有個軍事展覽之類的。攤位上擺著伊斯蘭革命衛隊的早期照片，攤位主持人口沫橫飛的介紹霍梅尼的偉大及革命衛隊的辛勞，當年的革命衛隊成為了現在政府的正規軍，而當年的領導者自然就是國家最偉大的創建者。我不知道展現武器的強大能代表什麼，但我想比起武器，百姓更希望的是可以溫飽吧。

4/ 伊斯法罕，天下一半

曾經有一份調查，調查伊朗人心中最偉大的歷史人物是誰？根據數據，有 70% 的人回答：「居魯士大帝。」

居魯士大帝是世界上第一個橫跨歐亞非王朝的建立者，也是「版圖」這個名詞最早的代言人。伊斯法罕（Isfahan）建立於居魯士大帝的時代，其古名的意思為「士兵的集會地」。在現代仍是伊朗第三大城市。伊瑪目廣場被列為世界文化遺產，著名的四十柱宮、三十三孔橋及伊斯法罕聚禮清真寺圍繞著。歷經亞歷山大帝的馬其頓重裝步兵、阿拉伯人的駱駝騎兵到帖木兒的蒙古鐵騎，一次次外族的入侵踐踏，卻從未摧毀這座古老的城市。來到伊斯法罕有如歷史倒流，就像到了中國西安、日本京都，城市裡聞得到歷史的煙硝。

伊斯法罕的某天晚上，云奇拿著幾碗泡麵跟一堆 Made in China 的真空食品回來：

「哈哈哈，你們一定不相信，我剛剛從一群中國人手上拿到這些東西，他們要回國這些都不要了，哎呀，不知道多久沒有吃到泡麵了！欸　先說好，泡麵是我的，其他的我們

平分吧！」

Gabby 看到口水都流下來了，「哇操，多久沒吃到這個啦，太牛 B 了。」Gabby 驚訝的表情讓我也很驚訝。不就是一碗泡麵嗎？

不過這不怪她，因為她已經出來旅行快一年，估計很久沒吃這種垃圾食物，她的心情不難理解。

老張這次在伊朗的時間不長，只準備了一週，因此他必須在伊斯法罕就結束他的伊朗之旅。擔心趕不上飛機的他，決定提早一天離開（等於多付了一晚的錢）。早上老張離開，下午我們就覺得伊斯法罕看得差不多了，也臨時決定提早往下一站走。

「我們想提早走。」我們通知了旅館櫃檯，櫃檯人員是一位老人，平時沒事的他就是用子母壺（這我自己取的，因為這種茶壺一大一小，小的疊在大的瓶口，當火煮下面大茶壺時，透過水蒸氣或是熱氣也把小茶壺裡面的茶給煮熟。）煮著茶。他聽完我們的話，理解過後，他點點頭，拉開抽屜，抽出一疊鈔票，一張一張數著，然後交了一疊給我們。

「疑？這不就是我們明天房間的費用嗎？」一數竟發現他把房間費退還給我們。

「你確定我們可以拿嗎？」老人再次的點了頭並且帶著微笑。

我們拿著老張的那份退款買了一隻雞以慶祝我們與老張的相遇。

在伊朗我想最有趣的莫過於找旅館，因為這邊無法使用 Booking.com 或是 Agoda，基本上也不接受線上預訂（五星級酒店可能可以）。我們必須先在地圖上用「旅館（hotel）」當關鍵字搜索然後再一間一間標出來，接著到現場一間一間的問，經過不斷討價還價，貨比三家後才能決定今晚住哪兒。時常一忙就忙到天黑，但我們每次找到最便宜的都很開心。這種方式真的很「背包客」，用勞力換取廉價的食衣住行，這是一種體驗。

5/ 伊朗與中國的愛情小故事

我們抵達時已是晚上七點多，在交叉比對旅館的價位後，我們選了一間只要 26 美元的四人房，旅館含早餐還帶波斯風格的庭院。解決住宿後便往市區晃晃。

伊朗人到哪都一樣的熱情，不斷的向我們打招呼。這幾天似乎有個大節日，路邊擺起了攤販，但是這些攤販並不販售東西，而是提供熱呼呼的茶水供往來的民眾享用，我感覺

像是商隊的一員來到此地啜飲幾口然後離去。

　　聽說亞茲德也是絲綢之路上的一個據點，我試著在網路上查詢當年絲路的路線，然而找到的都沒有經過亞茲德，但當地的居民確確實實的跟我說過這裡曾是絲路上的一環，那為什麼找不到資料呢？難道是當地人為了吹捧亞茲德的地位而騙我嗎？不！一定是我用錯方法搜索了。

　　我再次打開網頁，改用英文搜尋，果然跳出一大堆關於亞茲德與絲綢之路的資料。原來亞茲德是由西向東的商隊才會經過，商隊從羅馬一路向西，經過亞茲德往北經過卡尚、德黑蘭、馬什哈德然後進入阿富汗或土庫曼斯坦的驛站，最後抵達撒馬爾罕後將物品轉給東方的商隊，往東一路運回中國或是印度。瞭解了這些也讓我對亞茲德產生了尊敬的想法。

　　亞茲德有一位中國姑娘很有名，聽說是她到伊朗沙發沖浪，然後沙發主是個年輕小夥子，他們倆一見如故，「妳知道什麼叫一見鍾情嗎？當我看到妳的那一瞬間，我就愛上妳了。」幾天後女孩回國，伊朗人竟然買了機票就飛去中國去求婚。

　　（在這裡分享一個資訊，伊朗護照免簽國家只有 36 個，整個東亞只有馬來西亞是免簽。中國護照則是 29 個，臺灣 112 個。）

　　他們倆的愛情故事讓我產生了好奇心，問了幾位中國背包客拿到了地址，沿著導航走，果然看到一根電線桿上掛著一個招牌，上面寫著「伊朗媳婦旅館」。我們興奮的往指示走，看到了大門便敲門進去。沒多久，門打開，迎接我們就是那位姑娘。她看到我們後便把頭上的頭巾拿下：「太好了，是中國人，這麼熱的天氣我可不想整天戴著頭巾。」

　　在伊朗生活的她，頭巾變成生活上的必需品，唯一可以拿下的時刻就是這小小的旅館內。然而並不一定在旅館內就可以不戴頭巾，這戴與不戴取決於入住的遊客是否是伊朗人。如果是伊朗人就得一直戴著，如果不是，她老公睜一隻眼閉一隻眼隨她便。

　　「唉……每次聽到敲門聲我就得把頭巾戴上，哪怕不是伊朗人，只要被看到一次沒戴，那可要被說上好幾個月呢！」老闆娘抱怨著不方便，旁邊的老闆只是笑著。

　　「其實以前女子可以不用戴頭巾的。」老闆緩緩說出：「1979 年以前女子可以不戴頭巾，當時的風氣也比較開放，後來換了個領導，一切都變得不一樣。宗教變成最重要的一部分。現在有很多伊朗女性都想著要嫁到國外以擺脫嚴格的宗教束縛。」他說這話我是信的，因為這幾天在路上已經被不少女性搭訕了。

雖然我們沒有住在這兒，但他們仍然拿出茶水及水果請我們。聽他們說這旅館才開張半年，來住的遊客大半都是中國來的，慢慢的也在中國背包客的圈子內打響名氣。

6/ 路上

又到了深夜快車的時候，長途駛過一個個城市，當思緒淹沒了睡意，便陷入了思考。我重新思考了旅行的意義。我學了很多新的詞彙，認識很多新朋友，看見不同的光景，體驗不同的生活。

遇見一個會說中文的人，我會興奮，聽到一首有點年代的歌，我會感動。我會被帶到從前，從前還有活力及輕狂的時代，原來我已經三十歲了，原來時間真的在我臉上留下痕跡，在身體埋下伏筆。

有時候會想起那些很少聯絡的人，在人生旅途中經過的那些人，偶爾在夢裡敲門。天天問自己：「為什麼我在這裡？」有時在某個房間睜開眼，有時在某巴士甦醒，醒來總是沒有目的，也沒有想法。當在工作時，總覺得一成不變，自己也沒有變化。現在，生活時刻改變，面對散聚離合，不自覺的長大，時間這把雕刻刀老練的揮舞，我想暫時性的就把成長當作是旅行的意義吧。

7/ 露宿街頭也是自找的

「24 萬 Rials，OK ？」

「啥？！不行 36 萬就是 36 萬。」伊朗大哥站在遊覽車門口旁，聽到我們開出的價錢直接就翻白眼了。

依照我們的經驗，通常去一個城市不會只有一家巴士公司營運，所以我們沒有很在意他的堅決態度。

「那我們只好去找其他家囉。」

「哈，你去找啊，只有我們有走這個路線！」

那天我們抵達巴士站的時間大約是晚上十點半。我們的目的地是伊朗有名的設拉子（Shiraz），聽說那邊有一間粉紅清真寺，想都沒想就決定過去了。第一位賣票的大哥跟我們來回討價：

「36 萬太貴了，不能便宜一點嗎？我們有四個人耶！」

「你們聽好，36 萬是正常價錢，當地人也是花這麼多的錢，我不知道為什麼你們覺得可以便宜點，但很抱歉，沒辦法。」

像這樣的狀況其實我們遇多了，云奇很老練的從包裡拿出菸。

「來一根？」他像伊朗大哥遞了一根過去。

那人看了沉默地看著那根菸，沒幾秒，他手接了過去。

「最多只能便宜到 34 萬……」

在伊朗要抽到一根真正的菸是很難的。因為伊朗是禁菸禁酒的國家，當飛機飛入伊朗領空後，就會有廣播開始說話：「我們即將進入伊朗上空，接下來將不再提供酒類飲品。」

但事實上伊朗人並不是就不會抽菸，只是他們都躲起來抽而已。

面對外國遊客的我們，這些規定自然就鬆散了些，那人抽著菸，彷彿置身天堂一般，本來面無表情的樣子也多了幾分笑容。但他開的價錢我們還是不滿意，云奇試圖要再多砍一些價錢下來。

「34 萬很便宜了！你們不能再要求了！而且這是最後一班車，你們不上就沒車子了。」他很堅持這是最後的談價（final price），我們也不願多浪費時間在他身上，因為我們根本不相信只有他們一家公司有走這個路線。

「唉……浪費了我一根菸，在伊朗買菸可是很難的耶！」云奇悻悻然地說著。

天真的我們以為每次都會這麼幸運，當我們問了一圈巴士站才發現，還真的是只有他們一家在做這個路線。我們只好回頭去剛剛那臺遊覽車，那人看到我們露出奸笑的表情。當我們在提起買票的事情時，他竟然說沒票了。

「沒票？剛剛不是還有嗎？我們可以用原價買。」

「我只剩下兩個位置，重點是我不想賣給你們。」

我心想這人太可惡了，剛剛抽了菸還這麼囂張。但如果真的沒坐上車，我們就必須睡在車站了。不過老實說我反而不擔心這事情，因為我是有睡袋的，不過他們三位沒有。我們陷入困境，呆坐在巴士站，等著時間過去。

時間過了 20 分鐘。

時間過了 40 分鐘。

「我看我們真的要睡車站了。」我沮喪地說著。

云奇不放棄的又過去跟賣票的伊朗人溝通，結果一樣。

旁邊一個伊朗小伙子帶著耳機，搖頭晃腦的。他看著我們來回跟售票員講話又回來，可能是出於好奇，他笑著靠過來搭訕。

「我們買不到票，他說賣完了。」

「真的嗎？我去問問看。」他竟然要幫我們去溝通，我們瞬間找到了浮木一樣。期待著他能幫我們找到一線生機。

我們遠遠的看著他們談話，賣票的起先很嚴肅的搖頭否定了，但是他堅持不懈，最後真的幫我們弄到位置。他把自己的位置讓出來去坐司機旁邊。

當時其實我還有點小內疚，覺得一開始如果沒有去殺價也許就不會這樣了。

不過我也沒想到伊朗人說變就變，賣票的大哥竟然又跟我們好了起來，有說有笑，我覺得他可能是想再討菸吧？！

8/ 伊朗最重要的日子

斯文 · 赫定曾經說過：「設拉子（Shiraz）無疑是波斯最美麗的城市。」

最美麗的城市碰上伊朗最重要的盛事，我們真的太幸運了！

白天的設拉子寧靜得連根針掉了都會發現。少了喧囂。沒有人聲鼎沸，也讓我與云奇竟然連一間早餐店都找不到。

那年的十月一日正巧是伊斯蘭教的阿舒拉節。抵達設拉子巴士站時，發現門是關的，我們好奇的問巴士站的員工，員工疑惑的看著我，以一種「你怎麼會問這種蠢問題」的眼神看著我：

「因為阿舒拉節到了啊！」

為什麼阿舒拉節就要停駛巴士呢？我其實還是不能理解，但我也不想多問，我感覺這似乎已經成為一種常識了，再問或許就會被笑了。

安靜的街道，差不多黃昏，街上湧出人群，廣場架起了帷幕，兩旁多了幾個攤販。鼓聲隆隆作響，從遠處漸近。警察拉起了區隔線將人群往兩旁推擠，中間空出走道。這時，隨著鼓的節奏，某人用著麥克風唱著詩歌。一臺臺的車以緩慢的速度出現，跟在車後的是舞群，這是我能想到最貼切的詞了，他們拿著鞭子不斷的往自己身上鞭打，配合節奏，踩著簡單的步伐，裡面除了成年人外還有小孩。這節日聽說是為了哀悼他們的神：阿里與侯賽因，但這熱鬧的氛圍，像熾熱的火焰在燃燒，像沸騰的水在翻滾，到底是哀悼還是狂

歡，真的分不清楚。

　　幾次車隊巡迴，人們開始四散，但這不是結束，似乎是在等著下一波的出現。兩旁的攤販忙碌的舀著桶裡的水，只要覺得渴了，就可以前去拿取一杯。除了水外，某些攤位還提供熱紅茶或是冰果汁。

　　我們往巷子走，熱鬧的氣氛也延伸到這兒。路邊的清真寺熱鬧非凡，我們經過時，站在清真寺外的人熱情的向我們招手，拿著熱牛奶向我們迎來。另一邊的清真寺發放著飯盒，竟然連我們都有份。伊朗人的熱情絕對是世界之最。

　　在歡愉的過程中，好幾名伊朗人被我們東方的面孔所吸引。

　　「你喜歡伊朗嗎？」

　　「你覺得伊朗人熱情嗎？」

　　「你知道外界怎麼看伊朗嗎？」

　　他們似乎很在意外人對他們的看法。有一位看起來大學生樣子的伊朗人拚命的向我解釋美國如何施壓伊朗，還有國外媒體的錯誤渲染。他希望我可以有「正確的」認識。

　　其實不用他特別的強調，我已經透過自身的接觸，瞭解到伊朗迷人的一面。

粉紅清真寺是伊朗最知名的清真寺，每當早晨陽光照射，便透過馬賽克玻璃投射出迷人的色彩

9/ 粉紅清真寺

　　阿舒拉節的活動延續好幾天，從白天到晚上都可以在街上看到車隊與舞群。所以免費提供的茶水也就變成 24 小時提供。

　　我們在早晨的散步中認識了好幾位跟我們一樣困在設拉子動彈不得的遊客。一樣是困獸之鬥，他們是住在一晚 30 美元的旅館裡，我們則是四個人擠在一間小房裡。慶幸的是，他們邀請我們到他們的旅館用餐。幾次下來，連他們的櫃檯或是房客都誤認我們也住在裡面，接來的幾天我們很自然地從青旅走過去享用他們的早餐。

　　設拉子有伊朗最出名的粉紅清真寺，不過也因為阿舒拉節暫時關閉。終於等到開的那一天，早上才七點，門前已站滿了人。七點半一到，人潮湧入，我們發現好幾名遊客無視售票口長驅直入，我們沒想太多的跟著進去，沒想到就意外的逃了票。

　　陽光透過馬賽克玻璃將七彩的光灑在地板上、石牆上以及圓柱上。聽說只有上午來才能看到如此美麗的景象，下午因為太陽的位置將會遜色許多。隨著人群湧進，已經無法拍

有多少人特地著裝來此拍攝，搶著第一批入內的遊客才有可能享受孤影一人的時刻

下無人的景色，我幸運地捕捉到幾張後便席地而坐。看著其他遊客你爭我搶的盡可能的成為畫面中唯一的焦點也是滿有趣的。

「大家不要搶，排隊拍照！」説話的是一位中國來的女遊客，在她撕心裂肺的吼叫中，倒也是引起不少人的注意。幾名香港人直接的坐在我旁邊與我攀談。來訪的遊客可能九成以上都是中國人，沒有秩序的秩序一向是他們的特長。有那麼幾個願意排隊的老是吃虧。這麼美的景象，我發誓，未來我一定要帶著依藍來。

10/ 沒有 WIFI 的城市

庫爾德人的區域，鮮少的遊客，熱情的路人及商家，這是我對這個城市的感想。不過三天沒網路真的很痛苦。

夜車抵達克爾曼沙赫，一下車立刻感受到一股寒氣，冷得我們哆嗦哆嗦。門外幾把熊熊的火燒著，幾個人靠著取暖，我也湊了過去。

這個城市是個意外，但這意外卻很美。比較特別的是，這裡的旅館竟然都沒有WIFI？！

「WIFI？這裡不流行那個啊，除非你住五星級。」最後一間的老闆聽到我們要找WIFI，噗的一聲笑了出來。

「你們是不是從巴士站一路問過來啊？這條街的旅館都沒有WIFI的，哈哈哈！」聽完老闆這樣説，我們都尷尬癌爆發了。

「那……您知道哪間旅館比較便宜嗎？」反正都被笑了，直接問個清楚吧！

「嗯……這間滿便宜的，你們可以去試試看能不能砍價。」他所指的那間其實就是我們目前找到最便宜的那間。

走在街上我們真的好像明星，問好，打招呼，免費食物接踵而來。"Welcome to Kermanshah!"很多人路人經過時對著我們説，似乎這裡很少遊客，我們真的是珍禽異獸。

晚上的克爾曼沙赫很熱鬧，像夜市一樣，大概到七點多後開始出現大量人潮，但是在十點左右又全部消失得不知蹤影，真是奇特的城市。

隔天，一如往常的七點出門散步，沒有網路的我們也逐漸習慣。穿過大街小巷，凌晨的克爾曼沙赫很冷清，只有送貨的司機忙碌著進貨。一間水果攤前，員工從貨車裡提

著一籃一籃的新鮮水果到店裡擺著，我們突然四眼相對，他舉起手，向我打了聲招呼。"Welcome to Kermanshah!" 我禮貌的回他，他把手上的籃子放下跟我聊天。

聊著聊著，他突然神來一筆一句：「有沒有我可以幫你們的啊？」

我們聽到後反射性的回了他：「你有 WIFI 嗎？」

「WIFI ？網路對吧。我店裡有。」

沒想到在一間水果攤可以連到網路，這真是我們始料未及。

我們倆蹭了他的網路大概十分鐘，看看留言報平安，離開前他還給了我們一人一根香蕉，我對這個城市好感度上升。

這兩天在克爾曼沙赫，我問了幾個人，全部都是庫爾德族，這個少數民族在伊朗不是特別受待見，也由於太靠近伊拉克，每每伊拉克有戰爭必定波及此地。在穿越小巷時，發現有很多崩壞的房子，沒有拆除也沒有任何施工，也許住戶已經搬離，時間彷彿停在原地不動。但同時也有很多新建大樓正在動工，這是個開發進行式，也是個戰爭過去式，希望這個民族的人都可以如他們所願。

11/ 伊朗終篇

「要小心土耳其人。」分手前，妹妹特地跟我說了一句，讓我還沒開始就先害怕，我來了。

大不里士有世界上最大的市集，同時 2010 年也被登入為世界遺產。這裡匯集了土耳其人還有亞塞拜然跟亞美尼亞人，算是一個大熔爐，最特別的是這裡明明是伊朗，卻都說土耳其語，他們在學校學波斯文，回家聊天卻都用土耳其語。

開往大不里士的巴士上，搖搖晃晃，本以為是夢裡的世界正在崩潰，不覺醒來，赫然發現司機如搗蒜般點頭打著瞌睡，正將巴士開往不可收拾的局面。

「咳！咳！咳！！」我大聲的想引起他注意。

司機似乎發現了我的溫馨提示，一個轉彎，將巴士駛回正軌。我漸漸地再次進入夢裡。

作為伊朗最後一個城市，也是我與 Gabby 三人分開的日子。由於臺灣無法取得喬治亞的簽證，亞美尼亞又無法進入土耳其，所以我只能由伊朗直接進入土耳其。他們則可以

北上亞美尼亞。

　　分開的那一晚，我們把包裡的麵都拿出來，可用的配料都加入，希望我們都記得這一刻。一起走了快二十天，即便是早就知道的別離，也是有那麼一點無法接受。我期待大家再相遇的日子早點到來。

　　一早四點半起床，敲著管理員房間的門，門後面傳來想賴床的聲音。我小聲叫醒他，"OK! OK!"聲音從門後傳來。沒多久管理員從房裡出來，手裡拿著鑰匙，我背起我的背包往樓下走，臨走前我們握了個手表示謝謝。

　　從大不里士到邊境，沿途景色美不勝收，層層堆疊，光禿崎嶇的山，太陽灑在黃土上更加光彩，這肯定是我在伊朗看到最美的風景了。

　　到邊境前，被安檢了四次。前兩次士兵只是上來看看，查查名單也沒搭理我，第三次上來便要求我拿出護照，東看西看。"China, China, Bruce Lee!"我也不再特別強調臺灣了，伊朗喜歡中國，那我就當個堂堂正正的中國人吧！"Yes, Yes! China!"幾分鐘我就拿

從伊朗端往土耳其邊境看，斗大的國旗飄揚與森嚴的查哨口

回我的護照了。然後來了一句"chin chun chin"已經不只一次伊朗人這樣對我說，我懷疑是他們從電視看到了什麼，或是他們覺得中國人都是那樣說話，但根本就是韓國人才那樣說話吧！

第四次安檢是查車子，一個士兵上來把乘客的紙箱直接撕開拿出裡面物品，看看沒事就扔回去，然後用槍托東敲西打，從前敲到後，不知道是不是懷疑有人會藏在車底還是後車廂。

海關在一座山上，我以為會很冷清，沒想到卻充滿了人。司機怕我走丟，幫我找了同車的一個家庭，是一對夫妻以及丈夫的妹妹。會英文的只有丈夫，妹妹很想跟我聊天，但只能透過哥哥跟我說話。

整個海關只有一個工作人員在處理護照，過了一個窗口就到另一個窗口，我以為伊朗是特別的，所以要檢查兩次，結果等我過去了，一句「歡迎到土耳其」才讓我意識到原來已經進土耳其了。

分手前，妹妹特地跟我說了一句「要小心土耳其人」，讓我還沒開始就先害怕，土耳其，我來了。

在伊朗，這是我最常吃的午晚餐，滿滿的白飯搭配幾片肉

土耳其 Turkey

凡城→埃爾祖魯姆→特拉布宗→薩姆松→席諾普→
番紅花城→安卡拉→格雷梅→埃斯基謝希爾→伊斯坦堡→埃迪爾內

我搭便車搭到裝甲車

　　早晨的陽光透不進巴士站裡的祈禱室，我們在黑暗中摸索門把。今天是我從伊朗陸路跨境到土耳其的第 4 天。

　　前一晚靠著搭便車從凡湖往北推進 100 公里，接連搭了五次，從白天到晚上。我們站在交流道前的分叉路上攔車，心裡想著應該不會有車了吧。

　　突然一道閃爍白光，快速的從我們眼前掠過。我們轉過頭來追車影，只見它漸漸地減速靠邊停止。副駕駛的車窗被搖下，一隻手伸出窗外揮著。我們想也沒想，拎起包，往車跑去。

　　「阿拉說，所有出現在我們面前的陌生人，都是祂派來的使者。」這是 Iren 停車的理由，我們也樂於接受這樣的解釋。

　　「肚子餓嗎？」Iren 帶著我們到附近的餐廳用餐。

　　「口渴嗎？」Iren 在超市買了幾瓶水堅持要我們收下。

　　「有地方睡嗎？」由於我們不想打擾他的家，也不願意花錢去旅館住。所以 Iren 讓我們在阿勒省的巴士站下車，並帶我們到祈禱室。他說：「你們就在這兒休息，阿拉會祝福妳們。」

　　「對了，你們應該也需要錢吧？」Iren 從口袋裡拿出幾十張里拉，一張張凱末爾頭像整齊地被一條摺痕劃分成兩部分對映著。

　　「啊？不是，我們不是沒錢，我們只是在體驗生活，我們有錢夠用，謝謝您。」我緊握著 Iren 的手，語言的隔閡，再多的感謝也只能一句 "Thank you very much."。對笑一眼，我們為這次的緣分相擁。

　　他不願留下任何資料，因為一切都是阿拉的安排。

　　回到祈禱室，我鑽進我的睡袋，同行的火山只能枕著手側躺著，還好室內不冷不熱。

火山是我幾前天在凡城撿到的廣東人，他對自己的旅行感到疲憊。我碰見他時，眼神黯淡，靈魂像失去光芒一樣。任何事物都無法讓他提起興趣，他說：「我是自由的囚犯，世界是個監牢。雖然我哪都可以去，但感覺去哪都一樣。」

我聽完覺得好笑，不屑地回他：「有兩個囚犯從監獄裡往窗外看，一個看到了泥土，另一個看到的卻是星星。」

他像是醒悟一般，轉過頭來問我：「那你能帶我看看星星嗎？」

當下我立刻聯絡準備接待我的沙發主，問他是否能多招待一人。而火山也成為我土耳其旅行的夥伴，我們同行了 12 天才在安卡拉分離。

一早五六點，我們醒在阿勒省不知名火車站裡的祈禱室。叫醒我的不是阿拉，而是阿訇遠方傳來的禱告歌聲。我沒有比較過伊朗跟土耳其廣播歌詞的差異，在我聽來，都一個樣。

我的計畫是搭便車繼續往北抵達土耳其東北部的 Kars，距離阿勒省約 200 公里。

跨過車站前的馬路到對向，舉起大拇指，妄想著今天可以順利的繼續當阿拉派來的使者。

一臺車、兩臺車過去，似乎沒有車願意停下。我想可能是道路太窄不好靠邊，所以我們往前走了幾公里，來到道路向外圓弧延伸的地方。可惜，依然沒有車為我們停下。

往前繼續走，幾公里有個小村落，僅有的一家咖啡廳就位於路旁，我們決定先解決早餐再出發。

離開前，我點了一杯咖啡外帶，想著可能還要走一段路。

走著走著……突然，一輛白色廂型車緊急煞車，停在我們旁邊。

我反射動作的拿出口袋裡準備好的紙，上面有用土耳其語寫的目的地資訊，還有一句：「您好，請載我們到 XXX，謝謝！」

我還沒拿出口袋，側車門往後唰的一聲，拉開，幾個軍人下車將我們圍繞起來。

「不要動！」一名軍裝的男人對我喊著。

我瞬間背脊發涼，手也不敢從口袋裡出來，轉過頭跟火山說：「現在是怎樣？？」

但他也不知道該做什麼表情、什麼反應。

「不要談話！」軍裝男繼續喊著。

另一名軍裝男從車上下來，我想他地位是高了一點，因為他出現時，其他幾位軍人都自動向兩旁靠攏。

「可以給我看一下你們的護照嗎？」他說。

我們乖乖地交出護照。

「中國…... 中國……」他唸唸有詞的把玩著我們的護照，也許是對我們護照顏色不同感到困惑，又或者是有其他想法。

「你們從哪裡來？哪一天到這裡？又是怎麼來到這裡？來這裡做什麼？下一站是哪兒？」他一連問了幾個問題，就好像以前在科技業上班時，5W1H 咄咄逼問的感覺。

回答這些問題不難，難的是要他們相信。

「我們『必須』要請你們跟我們走一趟，好嗎？」在我們沒注意的時候，兩名軍人已經竄到我們背後，長官則是伸手指向後座位，示意要我們上車。

「我想先拿回我的護照，可以嗎？」

「我們會還你的，相信我。只是需要你們先跟我走，好嗎？」他說話並不強硬，反而有點像是懇求。

僵持了幾分鐘後，我漸漸冷靜，沒有了一開始的害怕。

「好，走吧！」

與擄人的長官合照　　　　　　　　　　　　士兵們奉命載我們到大馬路上搭便車

我想過幾種可能性，有一種會是監獄，也許關個幾天，調查沒問題就會放出來。也可能是警察局，做個筆錄，然後放我們走。

　　車子行進的過程中，我盡量記住窗外的景色，也許用得到。對於沒有網路的我們，這狀況糟透了。

　　車子開進一座軍營，門口有兩名軍人守著，他們推開大門讓車進入，然後合上。

　　圍牆上一圈圈鐵絲網纏繞著，不遠處還有哨塔巡邏，攝影機的攻守範圍也已達到無孔不入的境界。我從沒想過有一天我竟然也需要去留意這些逃獄才要注意的細節。

　　「請坐，別緊張，喝茶嗎？中國人喜歡喝茶對吧？」長官吩咐小兵去泡一壺茶來。

　　「你們知道最近土耳其發生了什麼事情嗎？」他用一種試探性的口吻說著。

　　但我們真的沒有任何頭緒。

　　「前幾天，美國情報局煽動土耳其民眾試圖要推翻總統。他們失敗了，我們肅清了所有內奸。請原諒我這麼說，你們在這麼敏感的時期出現在這裡，我很難不去懷疑你們是美國派來的間諜。」他語重心長的說著。

　　「可是……我們都不是美國人，也不拿美國護照。」

　　「護照可以造假……」

　　顯然我們無法說服他相信我們，但也沒辦法提出任何關於我們是間諜的證據。

士兵用裝甲車載我們去攔車

四名士兵用槍幫我們詢問駕駛是否能順便在我們

等候的過程，他繼續追問我們一些問題。隨著話題漸漸打開，當我把手機裡的相片一張張放給他看時，他緊皺的眉頭漸漸舒展開來。

這時，來了一名小兵。行完禮後，將一份資料袋交到長官手中。長官從袋子裡拿出我們的護照以及一張 A4 紙，上面寫的我雖然看不懂，但我相信那是一份報告，關於我們的。

不消幾分鐘，長官笑了。「太好了！你們不是美國間諜！」

「太好了，我終於不是間諜了。」我苦笑著，笑這荒謬的一切。

為了表示歉意，他們願意載我們回到剛才「擄人」的地方，或外頭的大馬路。「你們是要去搭便車對吧？那我請士兵載你們到最大的那條路，然後請他們幫你們攔車，如何？」

我們愉快地答應，握過手，說句再見。長官從報告書上撕了一角，寫上他的電話跟名字。「在土耳其，遇到事情可以找我，我會保護你。」

「希望我用不上。」

我正準備走向載我們來的那臺白色箱型車，長官突然用伸手指著另一臺。

「你們搭那臺，剛好他們要出去巡邏，我請他們幫你們攔車！」

我一看，是一臺裝甲車。

5 名軍人整裝戒備的站在車尾，長官領著我們靠近。他對著疑似班長的傢伙說了幾句並不時看我們。

「我跟士兵們說好了，他們會幫助你們，謝謝你們。」我們就這樣順利地離開了軍營，我手裡捏著那張他給我的紙條，心裡想著：「希望我用不上。」

裝甲車來到不知名的道路上，我們依序下車。

「欸，你說，他們真的是要放我們走嗎？這裡很荒涼耶……會不會……」

「不會吧，我感覺剛剛聊得不錯啊。」

火山的疑慮我不是沒有想過，但我就是有一種命不該絕的領悟。

班長用簡單的英文問我們：「你們是要搭免費的還是會付錢給司機？」

「免費的！」

「知道了。」

接著他們走到路中間，把每一臺車都攔下來，然後不解釋的打開兩邊車門並詢問駕駛要去哪兒？

由於士兵們槍械在手，每一臺被攔下來的人都反射動作的雙手舉高。

可能是我們要去的地方過於偏僻，問了幾十臺都沒有人順路。

「要不我們換地方，到附近最大的城市如何？」我跟火山討論著，眼下時間也不足以到 Kars。

「那就簡單多了。」班長笑著說。

很快的就有一臺可憐的轎車被指派載我們到距離一百公里左右的大城市埃爾祖魯姆（Erzurum）。

駕駛是個老頭，一句英文也不會。除了微笑，我們沒有再多的對話。

幾個小時前發生的事情過於驚險，我們像是燒到 99 度的熱水，再 1 度就要沸騰的狀態。遠離士兵們的視線後，緊繃過度的身心靈得到了解脫，很快的昏睡過去。

阿爾巴尼亞 Albania

阿爾巴尼亞的解憂雜貨店

東野圭吾有一本書叫《解憂雜貨店》，裡面提到那些有煩惱的人會寫下煩惱，晚上的時候丟進雜貨店的投遞口，隔天就可以在店後面的牛奶箱裡拿到回信。感覺我在阿爾巴尼亞的旅館裡做著同樣的事情。差別在於他們不用特地寫下煩惱。

由於旅館老闆因為簽證的問題必須離開一陣子，我暫時接管了房東的角色，當起了管家。每天早上會收到老闆那裡傳來的訊息，關於今天入住人數與國籍。我會在本子上分配好床位，並記錄他們應該繳交的房費。白天與旅館唯一的員工揪吉娜（Xhorxhina）一起整理床鋪，換下舊的，鋪上新的，等著新的客人到來。

六點左右，揪吉娜會回家，我一個人要負責入夜後的所有事情。有時一個客人都沒有，很輕鬆；有時高朋滿座，我們也會把酒言歡。

荷娜來自韓國，她預訂了四晚的床位。第一晚我們不熟，我對她的印象就是一個講電話很大聲的女孩。第二晚我邀請她共進晚餐，因為她包裡有我愛吃的韓國辣醬，我則是貢獻了我的番茄蛋炒飯。第三晚我們已經可以坐在沙發上喝酒談天。

「欸，妳為什麼說話這麼大聲？」我覺得我們已經熟到可以說真話的程度了。

「有嗎？哈！」她睜大雙眼，像謊言被揭穿一樣。隔天她總算是降低了音量。

「廁所可以借我用一陣子嗎？」第四天的傍晚，她問我。

「可以啊，妳要……？」

「我要講電話，可能會很大聲，而且這次要很久。」她對我作了一個鬼臉，希望暫時關閉廁所讓她一人使用。

沒多久，廁所傳出謾罵聲，然後哭聲，然後一陣安靜。

「框啷！」廁所門被打開。

「咚！咚！咚！」像是往樓上走去的腳步聲

「砰！」我很確定這是甩門的聲音。

「妳沒事吧？」大約過了半小時，我上樓關心她。

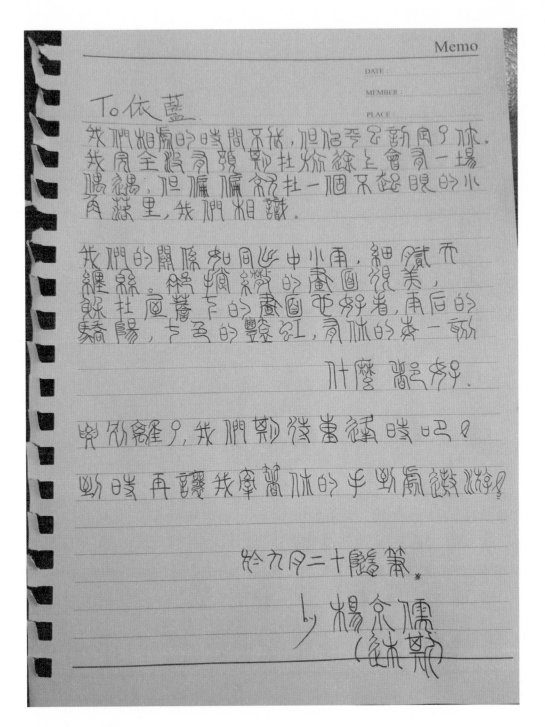

第一封寫給依藍的情書

「嗯嗯……沒事，抱歉甩了門，希望沒壞。」

我像是一個資源回收桶，讓她把心裡的話都倒出來。

故事其實很稀鬆平常，就是情侶之間的不契合。

荷娜是個喜歡大海的女孩，在她的臉書總有發不完的海灘。當然泳裝也必不可少，總能在下一張照片看到。她的男友反對她穿著暴露，要求她刪除所有照片，並把行李箱裡的泳裝扔掉。除此之外，男友還希望她趕快回國跟他共組家庭。

他們每天的爭吵總是圍繞著「什麼時候要回來？」、「能不能不要穿這麼少？」

其實這並不是什麼很難解決的問題，但他們卻莫名的要綑綁在一起，不談分手。

也許在還沒學會告別之前，輕易結束戀情真的會讓人崩潰。但往好處想，那只是離開一個不適合自己的人，反之，離對的人又近了一步。

「妳要愛的有底線。」我不善於安慰，但我希望她在學會愛別人之前，先愛自己。

那天她說了很多話，連晚餐都變成了消夜。

隔天，我送她到巴士站，我沒想過會再見面，畢竟世界很大，人與人之間的緣分通常都只有一面。我盡了一個房東該有的本分，讓我的房客滿足的離去。我站在售票口目送她上了巴士才轉身。

「叮咚！」手機訊息提示聲。

是荷娜的訊息，寫著：「謝謝你，我分了可以跟妳說嗎？」我笑了一下，回她：「那當然！」

這之後的某天，我接到了一位阿爾巴尼亞女孩的訂單。她沒有透過網路訂房，而是凌晨一點直接來旅館敲門。她讓我印象很深刻，因為她要的不是一張床，而是一段時間。

她的名字叫麗莎，帶著一個公事包、一把傘，身穿 OL 黑白制服，外面在套上一件黑色外套。她付了錢，提出要求，希望旅館的交誼廳能讓她辦公，因為有一份報告必須隔天一早交出。本來應該下班回家，但從首都回去，她必須開上兩小時的車。無奈之下，只能在附近的旅館繼續工作。

「嗒嗒嗒！」的鍵盤聲不斷從交誼廳傳來。

我泡了一杯咖啡給她，並把棉被跟枕頭一併拿出來給她。

「真的累了，妳就睡吧。」

「嗒嗒嗒！」的聲音在我失去意識前都一直敲打著。

　　早上六點，我起床準備早餐。經過交誼廳時，她已經躺在沙發上睡著。我盡量輕聲，但還是被我吵醒。

　　「要喝咖啡還是茶？」

　　「咖啡吧，謝謝。」她說。「還有謝謝你的棉被，我睡得很好。」她露出難得的笑容。

　　「我不知道這份工作還能做多久，但我真的好累。我喜歡寫字，所以我找了份文字編輯的工作。但我發現，自從工作後，我不再喜歡寫字，甚至有點厭惡。」我像是回收桶回收她的不愉快。

　　「做自己喜歡的事情，並不等於做正確的事情。」我說。

　　「你不是在做喜歡的事情嗎？」麗莎反問我。

　　「以前我是工程師，我不太喜歡那樣的工作內容，但我現在能旅行卻是多虧了那份薪水，然後我才能做著喜歡的事情。」我不確定自己是否詮釋了那段話，但我想，工作總是辛苦的，不經一番寒徹骨，焉得梅花撲鼻香。

　　「你說的沒錯！」麗莎對著我大笑，彷彿看透了什麼。

　　喝過咖啡，她便開始整理，在六點半左右離開了旅館。

　　時光荏苒，擔任管家的時間過了大半個月。

　　那天迎來了一對臺灣夫妻（彭和恬），他們來度蜜月。選阿爾巴尼亞本身就是個令人好奇的事情，這裡既沒有童話小鎮，也沒有浪漫塞納河畔。我對他們充滿期待，想問：

　　「為什麼是這裡？」

　　他們預定了三晚，但哪都沒去，最多也就附近走走。我們待在旅館裡談天說地，分享彼此的人生故事。

　　他們問我最懷念臺灣什麼？

　　「滷肉飯吧。」沒想到最平凡的食物，竟然會是此刻最吃到的東西。

　　「那我們就來做滷肉飯吧！」恬開心的說著。

　　我以為她開著玩笑，但她已經約著揪吉娜到附近的賣場、傳統市場購買食材。幾個小時後，人手一袋出現在旅館門口，帶來了豬肉、龜甲萬醬油以及需要的蔥薑蒜等材料。

　　我們各司其職，煮飯，炒菜，滷肉。我突然想到伊斯蘭教不能吃豬肉的事情。

「揪吉娜，你是不是不能吃豬肉？」

「別擔心，今天我是基督徒。」她的父親是穆斯林，母親則是基督徒。齋戒月的時候，她會表現的像基督徒；彌撒的時候，她會說自己是穆斯林，然後離去。

我想那是我在阿爾巴尼亞最快樂的時光，嘗到了睽違已久的家鄉味，也說了滿滿的家鄉話。

「為什麼是這裡？」我想起這個問題。

「我想蜜月的意義應該不是去哪兒，而是跟誰在一起。跟了對的人，哪兒都可以有浪漫的感覺。」

很多人誤以為蜜月旅行就是在陌生的旅館裡醒來，然後去一個很浪漫的地方。其實跟對了人，情人節每天都過，不是嗎？

他們是我看過最恩愛的夫妻，彼此了解互相的優點，也包容彼此的缺點。在他們的生活裡充滿儀式感，隨便一個小舉動都能感動對方。相處的那幾天，我也開始想念我的另一半，遠在歐亞板塊那一端的女友。

我本來的計畫是繞地球一圈，突然我不想了。又或者說，我希望完成的那一刻，有她。

「你的幸福應該也在奶奶的夢想清單裡吧？」

「我相信是的。」

不知不覺中，我已完成當年與奶奶的約定。環遊世界並不等於繞地球一圈，而是眼界的開闊，以及心靈上的成長。這次我要築自己的夢。

阿爾巴尼亞成為我這一年獨旅最遠的國度。管家任期結束後，我不再往更遠的經度走。我往回走，來到希臘，買好飛往臺灣的機票，一封訊息給遠在 8600 公里外的依藍：

「我們結婚吧！」

後記

I/ 逝去的寮國愛情喜劇片

記得一年半前，寮國是我旅行的第二站，在龍坡邦度過了一段美好的時光。我認識了一位少女、一位老大哥，餐桌上歡愉氣氛，讓我想起了家。

我繼續旅途的那天，她問了我會不會再回去？

我晃了晃頭，心裡想的是可能不會吧，但我回答會回來看你的。

在分別的前一段日子裡，偶爾捎來幾句問候的話，我督促她要多練習英文，別老是被白人壓著打，她則是問我到了哪個國家，好不好玩。我是她有了 LINE 帳號的理由，也是她唯一的 LINE 友。

話是越來越短，是時差的錯，也可能是友誼本來就是漸淡。

後來我遇到了真愛，我的靈魂伴侶；她也說著是該在寮國找一個嫁了，我們得到了對方的祝福。

她從我的鎂光燈離去，下了舞臺。某天突然念頭一閃而過：她還在那兒嗎？

這次的泰寮之旅決定再去看看那個地方！

抵達龍坡邦的第一天，趁太陽正中懸掛，我往郊區走去，同樣的招牌、同樣的門簾。一進去卻發現人事已非。本來繽紛的塗鴉變成死沉的血紅色，是哪位這麼沒有美感的人搞的？

櫃檯站著一位老男孩，我看不出他年紀，不過他露出牙齒的笑容讓我走進詢問。

「請問 Noi 還在這工作嗎？」

「我不知道她是誰 ......」

我解釋著她的樣貌，但他還是不懂。我拿出手機，翻閱回憶的日記，找出照片給他看。

「我不認識她 ......」

「你們是換了新老闆嗎？」

「老闆沒換，不過這裡重新裝潢了。」

「多久的事情？」

「就最近而已，上個月吧。」

這樣啊……

「嗯，知道了，謝謝你。」

我離開了那間已經不一樣的青旅。

我回頭再看一次，再看一次，那是我流浪的痕跡。

2/ 那些朋友們

在此將記錄著一路上遇到的旅人們的後續發展：

1/ 在越南河內認識的日本人 Yuuki 於 2017 年 12 月回到日本。他那臺 VR 相機在印度加爾各答被偷，他馬上在網路上買了一臺，然後在西班牙再次被搶。本來計畫兩年的旅行毅然停止，我沒有詢問他停止的原因，我想旅行是不存在停止這個詞。回到日本後，似乎在咖啡廳工作，至於與女友的狀況則是不明。

2/ 在寮國龍坡邦認識的新加坡人 Fhu 跟我一直保持聯絡到 2017 年 10 月，聽說他去了美國看他離婚的妻子與孩子。爾後他的 Line 還是 Email 都失去了聯繫。最後一次的對話是他問我會回去找 Noi 嗎？

3/ 在柬埔寨金邊認識的酒吧少女 Pich，其實我們並沒有持續的聯絡，斷斷續續的噓寒問暖兩個月。某天她不再回應，但是她的大頭照從清涼露背裝變成文書處理服，我想她是離開了夜夜笙歌的日子，回歸正常了吧。

4/ 在柬埔寨暹粒認識的勝杰本來計畫下一站去越南，但在抵達海關的時候卻突然反悔，又回到暹粒。據說當時他認識了一個當地男性束人，他們感情甚篤，幾度被懷疑出櫃。回到廣州後的他於三個月後又再度踏上暹粒的土地，當時拍攝的照片裡，默默的站著一位柬埔寨男孩。

5/ 在泰國曼谷相逢的江楊洋，分開旅行後的三個月，在埃及認識了現在的女朋友，是一位北京姑娘。她們一同回到了北京生活，然後……然後就沒有然後了。在那不被認同的氛圍下，她再次出走，現在人在南美。她說環遊世界是她的夢想，也說離開是為了找到自我。

6/ 在泰國彭世洛認識的文星，離開泰國後就回去廣州，爾後就沒有再聯絡了。

7/ 在泰國彭世洛認識的小雅，在馬來西亞分開後回到西安。聽說兩個月的旅行讓她

胖了不少，所以一回去她立刻去健身房運動。偶爾在朋友圈看到她的消息都會讓我想起我們相處的那段時光。

8/ 在馬來西亞怡保認識的 Gabby，第二次相遇是在印度。當時她有了伙伴，另一名女同性戀，湖北人，聽說她們也是在馬來西亞認識。傑很照顧她，也很迷戀她，她們說好一起環遊世界，印度之後還要去伊朗、亞美尼亞、喬治亞等等。後來她們倆還是分開了，就在伊朗之後半年。她們互相拉黑，也刪除彼此占據在手機裡的空間，然後斷了一切關聯。再過一個月，她們雙雙回到中國，各回各家，各找各媽。你有你的，她有她的，方向；記得也好，最好忘掉。

9/ 在馬來西亞怡保認識的梅子，她回國後立刻買了一支新手機。聽說她是富家子女，似乎沒什麼必要去上班，每天的生活不是下午茶就是健身房。當時去馬來西亞是為了療傷，不知道回國後是否又交了男朋友。至今沒有聯絡，只有在朋友圈偶爾看見。

10/ 在馬來西亞怡保認識的日本人 Minoru& 石本喜一，他們倆在怡保分開後，石本一直與小雅保持聯絡，大家一致都覺得他對小雅有點意思，不過小雅對他卻沒有想法。小雅回國後就與石本斷了聯繫。Minoru 回到日本後，不斷地在日本各地旅行，退休後的他，除了旅遊，沒有其他興趣了。

11/ 在尼泊爾加德滿都認識的蘭州拉麵老闆，至今跟他也一直保持聯絡著，聽說他尼泊爾的店關了回中國，不知道是生意不好，還是其他原因就沒有過問。他說有天他要來臺灣開分店的時候，會請我當店長跟公關，我期望有那一天。

12/ 在柬埔寨寮國邊境認識的黃大姐，我們在尼泊爾分開旅行。在我的鼓勵下，他飛到泰國繼續旅行，每當她要換城市時，她會提前幾天通知我，然後我會幫她把住宿跟交通訂好。雖然還不是完全的自助旅行，但是她因此多旅行了五個月，足跡抵達泰國、寮國、臺灣。半年後回到法國，於 2018 年 3 月在泰國與我再次相逢。相處一週左右，她再次踏上自己的旅途，而這次也不需要我幫忙處裡住宿。她成了完整的自助旅行家，順帶一提，我認識她的時候，她已經 64 歲。

13/ 在尼泊爾藍毗尼認識的德國人 Ten，他跟女友是在斯里蘭卡認識的，一路從南印往北，途中走著就日久生情。我在的那一週，他們倆天天見面，羨煞牛郎織女。他每天都去中華寺廟聽晚課，回來時，總是充滿正能量。雖然我認為他不懂佛法，但想想我也不是很懂，也就沒啥好批評的。聽他說，他們倆打算去加都住一陣子，然後他想跟去中國看看，希望他們一切順利。

14/ 在尼泊爾印度邊境認識的小熊，為了避免一再被印度人排擠，他索性說謊自己來自日本。然而每次入住時都必須拿出護照，不免要被員工冷眼看待。後來他順利的騎到加爾各答。回到中國後，他開了一間咖啡廳，至今仍在營業。

15/ 在印度瓦拉納西認識的大新，離開印度後，他去了尼泊爾。在那他認識了現在的女友，兩人一同回程四川成都。大新繼續經營他的珠寶店，女友則是在店內當起小助手。我們説好未來一定要再碰面。

16/ 在印度瓦拉納西認識的土耳其人 Derya，這是她第一次出國，沒想到就選了印度。在瓦拉納西的旅館哩，她愛上了一個英國小夥子，但小夥子對她卻沒興趣。大新跟她很好，即便分別後也持續有聯絡。Derya 在土耳其是個大五留級生，同時她也是個作家，出過一本書。她就像長不大的小孩一樣，每天跟朋友還是泡在夜店裡。

17/ 在印度菩提迦耶認識的印度人小和尚，雖然父母健在，但在他小的時候就把他送到寺廟修行。在經過菩提樹時，他撿了幾片，自己留了一片然後分給我們各一片。他説著印度偏鄉的資源分配不均，努力的幫那邊的學校或是村莊找資源。也聽説過其他背包客認為他們是騙子，不論如何，我相信我眼睛看見的。

18/ 在印度新德里認識的云慶，他在印度待了一個月，回國後，隔年又到印度玩了一個月。於 2018 年初，我到上海時還住在他家。

19/ 在印度阿姆利則認識的阿龍，印度分離後，他回去完成他的學業。但在大四那年他還是放棄了。休學的他加入攝影工作室，開始以剪接影片為業。我們 2018 年拜訪上海時也有碰面。

20/ 在印度阿姆利則認識的張明，成為網紅的他，足跡已達歐、非、美洲，目前人正在完成從北美到南美的挑戰。

21/ 在印度齋浦爾認識的侯 E 跟麗，他們兩個不是情侶，卻一起旅行。侯 E 喜歡藝術，常常參觀博物館，麗則是喜歡購物。他們倆在伊朗吵了一架，但一直到喬治亞才真正的分開旅行。如今麗還在旅行。

22/ 在印度烏代普爾碰到的老唐跟老楊，印度分開後，他們飛到印尼峇里島開了間民宿，時間大約是 2017 年的 11 月吧。隔了半年左右我與依藍再次從亞洲出發，峇里島也成為我們的一個目的地，於是我們與兩老又有了第四次見面。在峇里島受到他們很多的幫忙。如今聽説他們即將結束民宿的經營回到臺灣，或許第五次的碰面就會是自己的國家了。

後篇
裸婚去流浪｜屬於我們的旅行結婚

序　一趟專屬我們的「婚紗旅行」

妻陳依藍筆（曾刊登於換日線）

　　我來自中國浙江，2018 年春天，我與老公進行了一趟旅行。我們帶著四套婚紗，一本小冊子和一個電鍋。我們希望，在每個國家都能用自己的方式拍下屬於我們的婚紗照。

　　第一套婚紗選在泰國拜縣（Pai，臺灣稱拜城）。一部手機，搭配些許淡妝，沒有專業的攝影團隊，沒有打光師，就我們倆。

　　那天一早，披上嫁衣，梳妝打扮，對著青旅共用廁所裡唯一的那面鏡子，我幫你繫上領帶，你為我揭開頭紗。騎著租來的小毛驢（臺灣稱 100cc 機車），在春雨後的陽光下，粼粼波光。我們找尋景點旁，落單的路人。

　　「你好，請問可以幫我們拍一張照片嗎？我們……正在拍婚紗。」第一次對路人說出口時，我們漲紅了臉，忸忸怩怩，心裡想著哪來的勇氣說出口。「哦……好啊。」路人大概也是第一次遇到這樣的狀況，所以也有點不知所措。

　　任何事情的第一次總是充滿著新鮮與興奮的心情。旅行的第一個城市、鏡頭下的第一張照片，我們都略顯羞澀，相視的雙眼不到幾秒便往一旁別去。你說我是你這輩子最重要的決定，你也是我執手相伴一生的伴侶。

　　接下來的半年，我們橫跨歐亞大陸，14 個國家、14 套婚紗，與數不盡與路人甲乙丙丁結下的緣分。雖然拍不出攝影棚內那種令人驚豔的專業照片，也沒有好的攝影器材支援，甚至一半以上都是不合格照片（模糊、手入鏡……等等），但每張都充滿濃濃的人情味，每張都能說出影像背後的故事，對我們來說，這才是最重要的。

　　旅途中，也有些許人給了意見，認為一生一次的婚紗照不該如此草率粗糙。其實我們不隨便，只是沒有沿著前人們的老路走，我們要用自己的方式記錄這些美好的時刻。

　　兩條平行線，也有交會的一天

　　在名為「人生」的這條道路上，我走了不少彎路：一張高中文憑，也許無論如何努力也不過是在窄窄的夾縫中掙扎。18 歲的我，從書聲琅琅的校園中畢業。我的第一份工作，是中國移動公司的合同工（在臺灣稱約聘工），領導（臺灣稱老闆）破格錄取高中畢業的

我，但很快的，我就感覺到學歷限制了我的發展。

我從來沒有覺得需要一張紙（學歷）去證明自己，因為出了社會才是真正的開始。我曾經羨慕成績好的同學，羨慕美麗又有很多人追求的校花，羨慕那些能上大學的小夥伴。當他們走在前往學校的路上，沉浸在知識的學海裡，我則是庸庸碌碌的工作著。但那些成績好的同學、美麗的校花、大學畢業的小夥伴，都羨慕我現在的生活。人生沒有後悔藥，反正我很滿意現在的自己。

中國是一個不乏人才的國家，追求「第一」對我來說沉重了點，我只求能做唯一。我離開了公司，朝著自己的興趣，在溫州大學裡經營了一畝三分地，種起了多肉植物。面對著這些花花草草，讓我想起曾經愛旅行的自己。我背起行囊，訂了一週後飛往尼泊爾的機票。在茫茫人海中，我遇見了我的另一半靈魂，我們相愛了。

我的「他」相比於我，是一位高材生，來自臺灣，頂著碩士學歷在美國公司上班，因為與奶奶的一個承諾，他毅然離開了公司，帶著奶奶的照片環遊世界。那是奶奶的夢想，有生之年未能完成，現在他要幫奶奶實現。

我們第一次相遇在加德滿都，我以為他是路邊的流浪漢，不修邊幅，長髮散亂的坐在旅館大廳看書。他一天只吃一頓飯，帶著一捆睡袋，三不五時的公園一躺就是一宿，一條吐司就是好幾餐。他說他是農村的小孩，比起燈光璀璨的城市，躺在花草樹木旁更讓他覺得自在。

如果今天我們在國內遇到，也許我們之間不會掀起什麼浪花，但緣分讓兩條平行線不期然的交叉了。小哥哥（我對他的稱呼）跟我說，畢業後他因為學歷找到了好工作，但是他並沒有因此感到很快樂。他少了時間陪伴家人，也少了空間去發展自己的志趣。雖然錢看似萬靈丹，但唯獨治不了心中的缺憾。

在一起後的半年，我們決定旅行結婚。我把學校的花圃轉賣給別人，在淘寶買了幾件廉價的婚紗；他把櫃子裡唯一像樣的褲子跟白襯衫拿出來燙平。我們約在泰國清邁，我從中國出發，他從臺灣。

一路上我們除了省吃儉用外，也想著要增加收入。我做起了代購，他當起了在地導遊。我們在每個國家都嘗試找一些有特色的商品，然後在青旅找過路的旅人，拜託他們把

貨品帶回中國。他偶爾徘徊在景點門口，找尋華人遊客是否需要一個解說員，代價是一頓簡餐或是一次交通工具的搭乘。半年多的旅行，因為有了美麗的意外，駐足歐洲。

我的家人及朋友都很擔心沒有穩定收入的我，會過得很不順遂，其實他們不曉得，比起微薄的收入，趁自己有活力時出去看看世界更讓我心裡感到充實。我知道自己不是一個值得讓人效法的例子，但我明白怎樣能讓自己活出自我。在印度恆河邊上，一位老者對我說："Follow your heart."。是的，我們去旅行了，我們過得很開心！

裸婚去流浪

決定牽手一生的當下，旅行是我們想的第一件事。

裸婚意味著一無所有，沒有絢麗的進場，沒有觥籌交錯的宴客，沒有車也沒有房。只有深似海的情與愛，映襯著兩人的未來。

在溫州舉辦一場婚禮所需花費的錢是臺灣的五倍。15000 人民幣一桌的佳餚想必香氛四溢，還有一堆跟臺灣不同但最後都可以用錢了事的習俗。我的她，不希望被這繁文縟節又大撒幣的傳統束縛。

剛經歷一場長途旅行的我，洗淨鉛華，本來就不多的盤纏也隨著人生的閱歷呈現反比級數的減少。

光彩的背後缺少了刻骨銘心，沉甸甸的橘紅色毛主席百元鈔只能換來一張張陌生面孔的舉杯祝福，卻無法持續內心的澎湃。它做不到的，旅行可以。

我回到臺灣整理我那見底的存錢筒，拿出所剩無幾的儲蓄。這是我的全部，也是我的決心，這一份愛值得我付出所有。依藍回到溫州收拾她的一畝三分地，賤賣了種植多肉的溫室，離開了養尊處優的大學教職，穩定的收入就這樣打水漂。

在出發之前，還有一件只能由我獨自完成的事情。我搭上飛往溫州的航班，手裡提著臺灣帶過去的名產，期望這會是一個好的開始。從臺灣飛溫州只需短短的 1 小時，這和岳母口中的「遠嫁」似乎有點不同。

依藍是中國一胎化制度下的獨生女，掌上明珠這詞用在她身上很是貼切。

「我會給她幸福！」當我說出這句話時，我全身撼動，短短的幾個字，要用一輩子證明我做得到。

「我只有這麼一個女兒，少了她的陪伴，我只剩一個人。但如果她能感到開心快樂，我也會有一樣的感受，距離再遠都一樣。」

我回到臺灣，收拾好我的行囊，我的第二場冒險，即將開始。

第一站・泰國｜泰美麗

祝福大陸兄弟，兩位年輕人喜結良緣，白頭到老，早生貴子。
李剛 At 曼谷

祝依藍、楊小弟白頭偕老，早生富子。
黃有英 At 曼谷

2018 年 1 月，我們決定結婚。

2018 年 2 月，依藍到臺灣過農曆新年。

2018 年 3 月，相約泰國。

依藍帶著五套婚紗，我則是一套比較正式的服裝。同時還帶了一個電鍋，因為我們沒有太多預算。我特地換了支 iPhone，加上她原本的，這兩支手機將是紀錄我們最美一刻的捕捉器。

這是我們的計畫：

1/ 先在房間換好婚紗。

2/ 然後上街遊蕩，我們會盡量顯得刻意又大方，吸引路人的眼球，勾起他們的好奇心。

3/ 然後順勢抓幾個人幫我們拍幾張婚紗照。

想是這麼想，實際一做才發現有難度。

譬如說，在青旅穿上婚紗很怪，穿著婚紗走幾公里到景點很怪，用手機拍婚紗很怪，兩個人互拍很怪等等。更難的是要請路人幫忙拍。

「不好意思，可以幫我們拍張照片嗎？」

「你好，不好意思，可以幫個忙嗎？」

「不好意思，那個……介意……幫我們拍個照片嗎？」

說著說著反而聲音越來越小，被拒絕太多次後越來越沒自信。開始怪自己腳架沒帶，

不然至少可以自己玩。但又想想這不是就違反了我們的初衷了嗎？

　　我出發的那天，天很藍，晴空萬里，想到自己又要展開旅途真的很開心。

　　我們相約在曼谷的一間民宿，由於依藍的英文不太行，所以她訂了一間中國人開的民宿。我們分別從臺灣及溫州出發，預計相差幾小時的時間可以相繼抵達。

　　在第一站我們有一位夥伴早已在曼谷等著，她是我 2017 年的旅伴：黃大姐。我們倆曾一起旅行 40 天，算是忘年之交，畢竟年齡差了整整一倍。她是我見過最堅強的大媽，聽著她的故事讓我慶幸生活在一個和平的時代。

　　我是三人之中最後一個到達的人，三月的曼谷還是充滿著熱氣，一進民宿便看到穿著白色短褲短袖的依藍，她正好把玩著老闆養的貓。明明我們才分離兩週，我卻彷彿一整年沒見著她，有一股衝動想上前抱她，我真的這麼做了，那隻貓嚇得叫出聲來，急忙地跳開我們。

　　在這次的旅行結婚，我們還帶了一本小本子，裡面全是空白頁，打算讓那些與我們擦身而過的有緣人，抑或是跟我們產生共鳴的旅人們寫下對我們的祝福小語。而這本小本子的第一頁竟然一點也不謹慎的就獻給了旅館老闆。

　　其實我妄想著每一頁都是不同國家的語言，那看起來應該會很酷，但我萬萬沒想到第一頁會是漢字，儘管如此，那也是一個故事。

　　老闆是山東來的，有一股衝勁跟自信從他身上散發出來。當他知道我跟依藍是來自臺灣跟中國的組合不免多說幾句。

　　「兩岸雖然同屬一家，但你們不會吵架嗎？呃……畢竟有時候關係不太好說。」他一副難言之隱，想說又不敢說的樣子，眼神時不時飄向我，好像顧慮我的感受一樣。

　　「哈，老闆你別在意，有話你就直說吧。」我想這大概是我這輩子逃不開的話題。打從我自己旅行的時候，每每碰到來自中國的旅人，我們總是圍繞著政治話題，當然，旅人跟政治其實八竿子打不著，所以這些完全不會影響我們的交友狀況。而現在我們的關係對於他們的觀感又更加令人想入非非，所以諸如此類的問題我也都準備好接招了。

　　「不說政治了，那你們打算怎麼走完這趟旅行呢？」

　　「暫且就先在東南亞繞繞吧，在這裡挑個漂亮的城市拍個婚紗照。」

　　「那你們應該去拜縣（臺灣翻拜城），那邊很多女孩子喜歡，我相信你們也會喜歡的。」拜城其實是我上一次來泰國的遺珠，也算是刻意的跳過吧，因為當時我就聽說拜城

充斥著粉紅色的氛圍，我感覺那應該不是我的調調。

　　聽完老闆的介紹，我們就決定去拜城拍婚紗了。同行的黃大姐也陪同我們，擔任我們第一套婚紗的掌鏡人。

第二站・泰國｜愛在拜城

很開心能夠在 Pai 遇見你們，特別羨慕你們的故事，

希望你們的旅行計畫一切順利，注意安全，

有許多美麗的回憶在這趟旅途中。

也祝願你們永遠幸福，早日生一個足球隊。

新婚快樂！See you！（愛心）

周淑衍 At Pai

ฉันขอให้คุณแต่งงานที่มีความสุข！ชายซรา...

Tom At Pai

非常幸運認識你們和阿姨！在一起三天非常開心！

祝你們旅遊結婚快樂！早生貴子！

劉招娣 At 清邁

拜城位於泰國的西北方，距離它最近的大城市是清邁，一般人也都是從清邁出發。不過清邁到拜城這一段路很顛簸，從沿途廁所的數量大概可略知一二。

不知道是不是女性天生容易暈車，依藍跟黃大姐都在第一次的休息站就吐了。一旁的人形立牌表現出嘔吐者的不愉快，搭配現實人們真實的模樣，看過去還滿好笑的。

曾經聽說過有一群遊客租車自駕這段路線，不小心衝出車道，無一生還，所以現在路邊的圍欄建的比一般來得穩固。我也從沒想過要自駕，除了是自己技術不好的原因外，還有就是比起把時間花在開車，不如輕鬆的乘車欣賞沿途美景。

幾個小時車程抵達拜城巴士站，我看了下地圖，把之前透過離線地圖下載好的民宿一一參觀。最後挑了一間河邊的青旅住下，距離市中心大約 1.5 公里。

在櫃檯招呼我們的是一名泰國男性，他用最簡單的中文試圖跟我們打招呼。

「你……好，觀迎……關臨……拜縣。」他用泰文的發音方式說中文，說實在聽不太懂，但我們還是禮貌性的想瞭解他的話。

「不好意思……再說一次好嗎？。」

「你……好，痾……歡……臨……拜縣。」他的第二次挑戰我仍然沒有明白，這時後方突然出現一個聲音：「他是要跟你說歡迎光臨拜縣啦。」我回頭一望，是一個女孩說話的，聽她的口音來自依藍的國度。

「你們好啊，有訂房嗎？」

「沒有先訂，還有床位或房間嗎？可以的話請給我們一間房跟一個床位，謝謝。」

「好的，都有，馬上就可以辦理入住了。」

有時候真的覺得如果全世界的櫃檯都會說中文也是滿好的，雖然很多人出國是為了練習英文，但其實以英文為主的國家沒有想像中的多，至少我在中東就用不太上。

櫃檯女孩的名字叫周淑衍，乍聽之下還有點不像女孩子的名字。她是一名大學應屆畢業生，畢業後到泰國來當志工，做的是中文老師。剛好這個月學校放假，特地到拜城來打工換宿。為了來當中文老師，她已經在國內學好泰文，所以她很快的就融入了泰國生活圈。

「櫃檯那個男生是員工嗎？」我好奇地問了淑衍，因為他看起來不像老闆。淑衍接替他之後，我看他拿著榔頭跟木頭走到旅館後面，沒多久傳出敲打聲。

「他叫 Tom，他算是老闆，或者說他是老闆娘的男朋友，那也算是老闆吧？」淑衍說著說著就笑了。「老闆娘是四川人，現在不在泰國，由 Tom 代管。」

我知道在泰國要創業必須要用泰國人的身分註冊公司或鬧號，事實上在清邁有非常多的青旅或店鋪負責人是老外，而他們都有一個共通點，都有一個泰國男/ 女朋友。這也算是保障當地人的就業率吧？！

比較特別的是，一般看到這種組合都是男老外搭配女泰國人，但 Tom 是反過來，而且他還有一個五六歲的女兒帶在身邊。Tom 是個老實人，說起話來四平八穩，不會忽快忽慢，可能連抑揚頓挫都沒有。但從跟他的對話當中，我知道他一定是個很好的人。

隔天一早五點半，我們起床開始換裝，我只有一套很簡單，但依藍有五套，所以她還要決定先拍哪一套衣服。想想這是第一次，就穿最應景那套吧。

她開始上妝，此時的我已經換好衣服，沒事做，只好到外面走走。

「早安……你這麼早起穿這樣要幹嘛？」旅館員工基本上都是睡在櫃檯附近，我走動的聲音把一旁的淑衍吵醒。

「我們準備拍婚紗阿。」

「拍婚紗？！」她睜大雙眼看著我，「真的假的啊？」

「當然是真的啊，不然我幹嘛沒事穿這樣，妳等下看依藍就知道了。」

「如果是真的，那我要跟你們合照！」

黃大姐也起床了，因為她答應我們幫忙拍照。

「老公。」

我轉頭一看，依藍已經準備好，天啊，好美啊。她是我的女孩，是我要牽一輩子的人。我參加過很多場朋友的婚禮，看過很多新娘，但依藍肯定是最美的那個。此刻我感到很幸運，因為我在今天也要步上紅毯了。

淑衍瘋狂的尖叫著，把 Tom 也吵醒，「哇嗚嗚，這是要幹嘛？」Tom 一臉吃驚樣，這是他第一次遇到這樣的房客。

本來預計馬上出發，結果在民宿跟淑衍還有 Tom 就胡亂拍了快一小時。還好我們沒有專業攝影團隊，不然我們肯定被罵慘，大遲到。

拜城有很多很漂亮的景點，顛倒屋，草莓園，大樹秋千，還有二戰時期遺留的鐵橋。粉紅色、黃色、綠色，很繽紛。

七點多出發，我們騎著租來的兩臺摩托車，開始一個個的把景點都拍看看。掌鏡人是黃大姐，她已 64 歲，有點老花，所以每拍一張，除了花費比較長的時間外，還得一直給我們看看畫面是否 OK。

「你們在拍婚紗嗎？」早起的工人經過，可能被我們影響，他開的車有點蛇行。「我可以跟你們拍一張嗎？」他笑容燦爛，我們也開心的答應了。於是他拿出手機直接自拍了一張，然後走人。事情發生的太快，讓我來不及反應。本想請他幫我們拍幾張或是用我們的手機拍合照幾張，但他來的突然，走的也乾淨俐落，相片就永存在他的手機裡了。

黃大姐的構圖很簡單，有什麼拍什麼，她只專心看我們，畫面裡面有我們就可以了，所以一旁的垃圾、垃圾桶、路燈，還是飛快的車子咻的殘影，都出現在我們的照片裡。甚

至好幾張對焦對錯成花草樹木的，我們邊看邊笑，其實照片美不美也不重要了，此刻我真的好開心。

　　大概兩個小時左右的拍攝，我們也累了。穿著婚紗服直接一旁店鋪吃起早餐。賣面的老闆娘看著我們忘了問我們要吃啥。「來碗麵好嗎？」我喊了兩次他才聽到。

　　一旁的客人也暫停手中的湯匙，看了幾秒才恢復正常。

　　中午前回到民宿，其他房客也醒得差不多了。開始又是一陣亂拍，多了房客，也多了歡樂。

　　這是我們的第一站，也是我們的第一套婚紗。

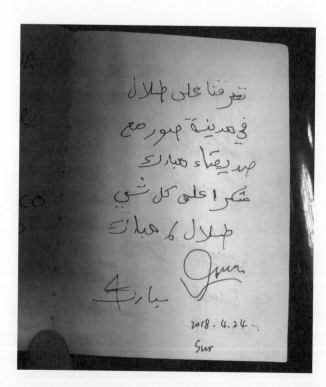

阿拉伯文的祝福語，祝
福我們旅途順利平安

第三站・馬來西亞 | 大馬情緣

很高興認識你們，在吉隆坡這個伊斯蘭城市。
祝福你們旅途平安順利，早日開花結果！
志信 At 吉隆坡

一想到馬來西亞就是吉隆坡，想到吉隆坡我第一印象就是雙子塔，所以我們很早就決定要在雙子塔拍攝婚紗。

選擇居住的旅館是我之前獨自旅行住過的青旅，雖然是青旅但也有獨立的房間。要說為什麼要選這間，可能跟旅館老闆（巴森）有關。老闆來自巴勒斯坦，大學在俄羅斯讀書，他說他的室友是臺灣人，所以他對臺灣人印象好。說起他的故事都可以寫一本書了，我就簡單的講講。

在這次之前，其實我已經住過三次這裡，某一次居住的時間超過一週，很自然的老闆跟我也就比較有話聊。

記得第一次來的時候，櫃檯是個印度人，印度阿三向我索取基本資料，包含護照號碼、國籍、下一站去哪之類的問題。在國籍那欄位我雖然說臺灣，但他還是恣意的寫上中國，我有看到但不以為意，畢竟這不是第一次，也不影響我的旅行。

當天下午在交誼廳待著，突然有人唸出我的名字，我轉頭一看是個老外，但他不是印度人，也不像馬來人。他眼睛餘光越過那份住客資料本看我。

「怎麼了嗎？」

「啊，你好。我想跟你說聲抱歉。」

「嘎？」

「你是臺灣人對吧？」他突然用中文回我，讓我嚇了一大跳，而且他的口音一聽就知道絕對不是在中國學的。

「對啊……你怎麼知道？」

「你的名字『京』用的是 ching，不是『北京』的 jing。我有臺灣的朋友，他也是用跟你一樣的字。」

這是我第一次聽到有人用這個方式辨別臺灣與中國。

「我的員工印度人把你國籍寫錯了，所以我要跟你道歉。」他在我面前拿出立可白在

我國籍那欄塗掉，然後用藍色原子筆重新寫上"Taiwan"。雖然有點刻意，但我滿開心的。不過這件事情導致青旅內其他中國遊客的不滿，這就是另一個故事了。

在我第二次回來青旅時，巴森我說了他的故事。

「我在中國工作了六年，突然有一天中國海關拒絕我入境，他們拒絕我的理由只是因為一個巴勒斯坦人在中國待這麼久不合理。因為我的特殊國籍，我失去了我的工作。

「離開了中國，我也不知道要去哪兒，陰錯陽差下我來到馬來西亞，認識了這間旅館的老闆。他問我要不要幫他管理旅館，我當時沒有工作，不能在馬來西亞待太久，但如果有這份工作就可以申請工作簽證，於是我答應了。

「我取得了一份工作，但我的護照必須抵押在外交部，每次我要出境都得提前個幾天去通報外交部才行，說真的，巴勒斯坦人真的太可憐了。」

我曾問他關於巴勒斯坦國的狀況，他沮喪的回我：「希望未來會更好。」

事隔一年，這是我第四次回來，巴森一看到我就笑了。也是啊，都來四次了能不記得嗎？

比較不一樣的是這次我要的是房間，不是一張床。

一早，我們計畫著要怎麼拍婚紗，因為從旅館走到雙子塔有兩公里多，所以依藍這次打算穿上另一件行動方便的婚紗服。正當我們沙盤推演的時候，大廳來了另一位男孩子（志信）。

他有著亞洲人的臉龐，年紀看起來比我小。我習慣性的搭訕他，意外的發現他也來自臺灣，而且跟我同校畢業，這真的很有緣。聊天過後知道他是剛從澳洲打工結束，準備回臺灣。可能是還沒有做好回家的心理準備，所以中途停留馬來西亞一陣子。

我們向他分享了我們的計畫，他很開心的答應成為我們第二套婚紗的掌鏡人，時間就定在隔天的早晨。

第四站・馬來西亞｜雙子塔下的承諾

穿上深色牛仔褲，白襯衫，盡量的把我那凌亂不堪的頭髮弄整齊，這可是大事，要拍婚紗了！

天還沒亮，我們就起床準備。主要是依藍需要比較多的時間，我唯一能做的就只是穿上那唯一一套正裝。依藍化妝換裝等等大概就要花去一小時，如果今天是在臺灣拍，有正式的上妝團隊，估計會花更多的時間吧？

等我們準備就緒來到大廳，志信也已經在那兒等了。

從我們旅館到雙子塔大約兩公里多，雖然有點遠，但我們也捨不得搭計程車。於是三個人步行走過去。可能是依藍的裝扮不尋常，路人頻頻轉頭。帶著眾人的餘光抵達雙子塔。

吉隆坡雙子塔與百貨公司相連結，即便百貨大門沒開，仍然可以從旁邊繞進去。我們來到雙子塔旁的噴水池。平時這裡晚上還有水舞表演，可以說是觀賞雙子塔最佳的位置。

正當我們擺著許許多多幸福的姿勢，志信也認真地幫我們拍著。突然水池對岸一人小跑步過來，然後前方也有一位看起來像保全的女性走來。我們還在想著「是因為我們嗎？」的時候，果然，紛紛向我們靠近，是一男一女保全。

「可以請問你們在拍什麼嗎？」

「呃……拍婚紗啊。」

「你們是公司還是什麼單位嗎？」

「不是，我們只是遊客，來這裡拍照。」

「不好意思，這邊禁止拍婚紗照。」

我們完全摸不著頭緒，他們就要求我們交出手機，並要求我們把照片給他們看，然後他手指這指那的。「這幾張都必須刪除！」

「刪除？為什麼？這裡有規定不能拍照嗎？」我不是第一次來這兒，水舞的照片我不知道都拍多少張了。

「這裡可以拍照，但這類型的不行。」

「但……但是……。」

「請你們離開。」他示意拿出對講機說了幾句馬來語並要求我們立刻離開。

真的不知道原因的癥結點在哪兒，是因為雙子塔很特別還是具有宗教意義呢？

還好我們都有用各自的手機拍下一些 NG 照，被他們刪除的也就只有主要那支手機的照片而已。

既然水池這裡不給拍，我們便轉移陣地到另一個最佳拍照地點，也就是百貨正門口。這裡可以拍到整個雙子塔的全景，也是我們預設的第二地點。

好景不常，我們才開拍沒多久，又有三位保全靠近，其中一位還是騎著摩托車過來。

「不好意思，這邊禁止拍照。」

「你是說不能拍照，還是不能拍婚紗照？」

他們猶豫了一下，轉頭回我：「禁止拍婚紗照。」

「為什麼不行？」這一次我決定打破砂鍋問到底，這時候是沒有道理啊。

三位保全用馬來語討論著，我在一旁聽著感覺像是其中一位願意讓我們繼續拍攝，但另外兩位不願意。

「請你們離開。」

最後的下場果然還是如此。

不能拍，照片又被要求刪除，頓時有點喪氣。

「不能在裡面拍，那我們到外面拍啊！保全總不能衝出來管吧？！」

離開第二現場，其實也就是往外走個 50 公尺左右而已。來到了馬路邊，志信橫跨馬路到分隔島上，我們則是在馬路另一邊擺著姿勢。三個保全看著我們，這次果真沒有靠過來，看來「規定」是死的，稍微遠離一點竟然就可以了。

經過的路人沒有少停下來，鄰近的遊客也多看我們幾眼。可能是旅途才剛開始，我們還是很不習慣那樣的關注，但我相信會越來越好的。

回到旅館，我們換回熟悉的生活裝。這次的吉隆坡單純是為了拍婚紗，所以很快的我們就決定要出發到下個國家。

在離開之前，我們把印度的簽證辦了，由於從吉隆坡飛印度比較便宜，所以希望可以在吉隆坡把簽證之類的文件都處理完。

在離去的前一天，我們拿出小本本給巴森。「你希望我用英文還阿拉伯文？」

「阿拉伯文吧，巴勒斯坦的官方文字是阿拉伯文對吧。」

「好。」

沒多久，我們的小本本多了一段新的文字。

「我們看不懂，你可以翻譯給我們聽嗎？」

「哈，我不要。你們未來如果有遇到阿拉伯人再請他們翻譯吧！」

他莞爾一笑，我們也接受了這個挑戰。

隔天凌晨，連巴森都沒來上班，值夜的印度阿三打盹著。

我默默的在桌上放了房間鑰匙，牽著我的未婚妻往機場去。說真的，我不知道下一次再來看巴森是什麼時候，我也不確定他還會做多久，就隨緣吧！

雙子塔的婚紗照，被警衛趕
走後，只能在外面繼續拍攝

第五站・印度尼西亞 | 騙術

旅途中能認識你們，是一種機遇。更有緣的是我們都是來拍婚紗照。
同一班飛機，座位是一前一後，真的很有緣分。
聽你們的經歷很羨慕，那是一段很棒的經歷，很開心認識你們，
祝你們一路平安，幸福的走下去，麼麼噠！
高敏 At 峇里島

每次抵達一個新國度，必須做的第一件事通常是換錢，有的人認為是買網路卡，不過我們習慣沒網路的日子了，所以這不是必須要做的事情。

飛機抵達峇里島才不過凌晨三四點。睡眼惺忪的我們，下了機便往登機大廳找個沙發椅躺著。從機場到民宿大約幾公里路程，決定等天亮了再慢慢走過去。像我們這樣睡機場的人很多，只不過他們是在等起飛的班機，而我們只是因為很睏。

天微微光亮，我搖醒一旁的依藍，「起床了，趁天氣還沒熱起來就出發比較好。」
背起登山包，我們往機場外走。

印尼人比我想像的還要像我們，峇里島則比我想像中的還熱。路不算大，也沒有什麼高樓大廈，酷似 KFC 的山寨炸雞店沿途倒不少。

我們入住的旅館只有兩層樓高，在巷子的最深處。很像臺灣的四合院，中間有一大塊空地可以停車。老闆及老闆娘都很年輕，頂多就是 30 出頭吧。

這次來峇里島還順便找朋友，老唐跟老楊是我在尼泊爾認識的夫妻檔，他們也遊走在世界的一端。尤其老唐頂著一個雷鬼頭，身上布滿紋身，加上身高 180 公分，讓他在開發中國家很吃香。

他們倆旅行了一陣子，突然某天決定找個地方休息，而他們選定的點就是峇里島。一待就是一年，所以就順手開了民宿。本來我是預計住他們那兒，但發現不在市中心，第一次來訪的我們比較希望住在人群多的鬧區，而不是清幽的山林裡。

入住後，老唐也騎著摩托車來看望我們。閒話家常問候幾句後，也順便問了他們一些景點的資訊。他建議我們可以租臺摩托車到烏布，這確實是個好建議，但這也是我們災難

的開始。

時間來到早上九點多，估計換匯所也差不多開了。

走在街上，意外發現這邊的匯率竟然都很好，還高於網路上查到的。唯一幾間比較差的都是大品牌或國際連鎖店。這不禁讓我想去試試那些高得離譜的匯率，於是我們看準了一間小店鋪走進去。

一早有生意上門，老闆的喜悅全寫在臉上。進去後才發現，與其說是換匯所，不然說是販售紀念品的店，然後兼做換錢生意，因為那個所謂的換匯所只不過就是在一張平凡無奇的桌子上直接交換而已。

這時我還沒有什麼察覺，反而是依藍有所警惕。

我拿出兩張五十美元，老闆檢查了一下收起來。然後開始拿出印尼幣數。他把大鈔跟小鈔分成兩堆，當他算好金額後交給我要求我當面數一次，於是我就立刻清點張數。

「好，沒問題。」我以為就這樣收起來就好，結果他又拿回去。

當我分別把兩邊的鈔票都數好後，他一個手勢把兩疊合在一起還給我，然後給我一個愉快的笑容。我這人就是太善良，拿了錢後就想往外走，這時依藍卻叫住了我。

「你再點一次看看。」

「什麼？」

「我說你再點一次錢。」

「為什麼呢？」

「你怎麼知道他不會騙你？」

我半信半疑地拿出那疊剛換來的印尼幣準備再點一次，這時老闆突然插話。

「怎麼了嗎？」

「沒啊……我再點一次金額看看有沒有錯。」

「刷刷刷！」一張一張的數著，「疑？好像不對。」我重複數了兩次都錯。這時我才發覺上當了。

「你給我的金額是錯的！！」

「好……」老闆竟然完全沒有反駁的直接走回剛才那張桌子。「你給我，我數給你看。」於是他拿回錢在我面前數了一次，金額是對的。

「你讓我數一下。」依藍對老闆說著。

她快速的數完之後將錢收起來示意要走，這時老闆竟然又說話了。「可以再讓我數一次嗎？」

　　「他有毛病啊？」我們用中文交談著，老闆自然聽不懂，但我也確實發覺這裡有貓膩了。

　　「要再還給他數嗎？」依藍問我。

　　「再還他一次，天曉得他給的是不是真鈔。讓他數然後抓他，叫他吐回來我的美金吧！」

　　老闆拿回錢，數完，準備還我的時候，突然一隻手放到桌子下，只用另一隻手把錢交給我。

　　「欸欸，等等，你為什麼不用兩隻手給我？還是我要再數一次給你看呢？」

　　「那你想怎樣……？」

　　「我要拿回我的美金。」

　　「一旦換了就不能拿回去的。」

　　「好啊，那你現在把手上這疊錢讓我再數一次，而且我要錄影拍照。」

　　「……」

　　我想老闆大概也玩不下去了，他將印尼幣收回，從抽屜拿出兩張五十美元還我。

　　「這是假的吧？上面號碼不是我給你的那兩張。」其實我根本沒記住號碼，我只是擔心他真的給了我假鈔。

　　「這是你剛剛給我的啊，怎麼會是假的？」

　　「這不是我給你的啊，號碼不一樣啊。」

　　「可是……我這裡只有兩張美金，所以一定是你給我的。」

　　「我怎麼知道你是不是又在騙我。」

　　說到這分上了，老闆也有點惱羞成怒。他拉出抽屜直接給我看，「你看，我抽屜根本沒有美金，只有你給的那兩張是美金而已。」

　　我一看裡面一堆印尼幣這才相信他說的話。

　　我們踏出他店門外的時候，耳邊還一直傳來他咆哮的聲音。聽不懂就是了。

　　最後我們還是走向那些大品牌換錢，這次的經驗讓我對依藍很是佩服，如果只有我一人，也許我就真的直接不疑有他的走出店外了。

第六站・印度尼西亞 | 車禍

願我們成為好人的同時，身邊常有好人相伴！
蕭洛 At 新德里

「我們去看海豚吧！」依藍開心的說著。她指著地圖上標示 Lovina 的地點，位於峇里島的最北邊。

「這看起來很遠耶。」

「騎車過去啊，應該一天能到吧。」

「我想應該可以吧。」

一大早我們就從烏布的民宿出發，由於我們沒有網路，所以必須先在民宿把路線標好，雖然都下載好離線地圖了，但還是很習慣的先規畫好路線。

不幸的是車至半道竟然下起雨來。我們三不五時就要停下來躲雨，運氣好的時候會碰到路邊攤，可以買買榴槤，或是吃碗湯麵取暖。當時我們還覺得開心，樂觀的在雨中漫步跳舞。

雨過天晴，我們繼續上路。跟著 google 地圖的路線走，不知不覺就來到山區。有上坡就有下坡，騎著租來不熟的車，即便再謹慎也可能出錯。

就在下坡的路段，我邊壓煞車邊滑行，這時突然一邊的煞車失靈，我當下還是冷靜的。

「依藍，煞車一邊失靈了。」

「那怎麼辦？！」

「妳不要害怕，目前還有一邊是好的，但我會想辦法減速，。」

我以為我可以靠著一邊的煞車慢慢把車停下來，但很快的我就發現我錯了。另一邊也跟著失靈了。

「另一邊也壞了，我停不住車子！會衝下去的！」

依藍不習慣坐車，這也是她第一次遇到這樣的事情。我盡量的安撫她，並且試圖用腳止住機車繼續滑行，但這一切都太晚了。前面是一個轉彎，我腦海只閃過一個畫面就是飛出去。

「依藍！我要把車翻倒，妳保護好妳的頭！」

沒過幾秒，我刻意的往一側傾倒，讓我們直接摔到地上，機車瞬間脫離我的手滑出去。因為作用力的關係，我們倆並沒有摔在原地，而是也一樣的往前方滾了幾圈。一切都發生的太快，當我還沒意識過來，我已經衝出轉彎去往山下摔。

我試圖抓住周圍的樹枝、泥土或任何一切出現在我手邊的東西。我想我沒有失去意識，感覺得到疼痛，但我當下第一反應是找依藍。我往後看能看見摔得比我更下面的機車殘骸，我認為依藍可能不至於摔下來，所以我衝了上去。

依藍倒在轉彎處一旁的斜坡上，我衝上去扶她，她的臉上有大量的血跡，鮮血掩蓋了她的眼睛讓她無法睜開。

「有沒有人啊？！有沒有人啊？！」我大喊著，聲音迴盪在山區。

「別怕，我在旁邊。」我無助地抱著依藍，能給予的只剩下無力的言語。她很堅強，還反過來關心我的傷勢。

我持續的喊著，很快的有幾位村民出現，雖然他們不會英文，但他們看得出來我們需要幫忙。七嘴八舌地跟我說著，然後有一位村民騎著車，示意要我們上去，他用手比劃著，在我們受傷的部位來回指著，我想他應該是要帶我們去醫院，於是我把依藍放到後座。

「依藍，妳不要害怕，他會帶妳去醫院，我等下就到，好嗎？」

「嗯。」

村民載著依藍往山下騎去。在等待他回來載我的同時，其他人嘗試著要幫我把車拉上來。我們幾個人沿著山坡往下走，來到機車旁。我手比劃著是否要抬上去，他們點頭。於是我們四五個人合力把機車慢慢的往上抬。等我們回到馬路邊時，那個村民也已經在上面等我了。

我跨上後座，讓他載著我去醫院。

那是一間很小的診所，裡面沒有醫生，只有一位護士，幸運的是她可以用英文溝通。一進病房就看到依藍躺在床上，這時我才發現她受傷的位置很多，眉毛邊、膝蓋、手肘都有明顯的擦傷。

「這邊必須要縫，但我這邊沒有麻醉劑，你可以幫我跟她說，請她忍耐嗎？」護士指

著她的眉毛邊上的傷口對我說。

「她說什麼？」依藍問我。

「護士說……那邊必須縫補，但……可能沒辦法打麻醉，因為他們這裡沒有。」

「可是我怕痛。」

我緊握著她的手，「我們來聊天，妳不要去想這麼多。」

她的手一直顫抖，每一針扎在她皮膚上，也像扎在我身上一樣。這是我們倆第一次看見對方哭。

「換你了。」一個小時過去，護士處理好依藍的傷口後轉向我說。

我的傷勢並沒有依藍嚴重，這也許多虧了在臺灣摔車的經驗，還有就是後座通常都比較嚴重。

在依藍昏睡的幾個小時裡，我請同一位村民載我到附近的旅館辦理入住，然後請旅館老闆開車把機車跟我們都載回去。

就這樣，我們到了 Lovina，但哪都去不了。

那一夜我幾乎沒睡，依藍時睡時醒，我握著她的手，聽著她的呼吸聲，突然我感覺身體的疼痛一瞬間都回來了。真的非常非常痛。

隔天一早，我聯絡老唐，請他幫我聯絡車行。最後協調好車行來載我們回去。對於機車煞車失靈這件事情，車行的老闆似乎知情，「我沒想到你們會到 Lovina。」這句像是藉口的理由讓我很難接受。

老闆繼續說著：「我們這裡的車都這樣，煞車在使用過度的時候會失靈。」我真的不知道該信還是不該信。但對我們來說，至少我們還活著。

回到最初的民宿，這一住就是 10 天，我們需要時間等待傷口復原，幾乎哪都沒辦法去。

「要不要乾脆直接回家算了？」這是我想了很多次最後決定說出來的話。

「為什麼要回去？」

「妳都傷這麼重了，還想繼續走嗎？」

「旅行本來就有可能會受傷，我們都還活著不是嗎？繼續走吧，這不過是旅途中的一個小石子罷了。」最後我還是沒能說服她，我們的旅行也將持續下去。

休息的那幾天，我每天去附近的超市買菜，然後回房間煮，也多虧了我們有帶鍋子出來，至少可以喝到熱湯與吃到米飯。

「我們去拍婚紗吧。」

「嘎？妳傷都還沒好怎麼拍？」

「我已經可以走動了啊，不拍多可惜，都來了。」

在印尼車禍後，帶
著傷痕拍攝婚紗照

車禍讓我幾乎忘記了拍婚紗的事情，如果依藍沒有提起，也許我也會就刻意的去跳過這個話題吧。

　　「等妳再好一點，我們再拍吧。」

　　時間過了一週，眉上的疤提醒著我們：旅行不會一切都順利。

　　依藍開始可以走動，我們的氛圍也逐漸明朗。依藍再次提起拍婚紗的事情。

　　「嗯！我們來拍婚紗吧。」

　　換上服裝，依藍拖著長襬裙子拖曳過民宿的大廳，走出大門，石頭路上，還要小心狗大便。我們再次勾起路人的眼光。

　　清晨的海灘已經有不少人，運動的人、晒日光浴的人還有嘻笑打鬧的孩童。像我們這樣在海邊還穿這麼多的大概只有我們。

　　最一開始我們只能拿著手機自拍、互拍。漸漸地出現路人好心的幫忙。一個、兩個、三個，旅行讓我們受了點傷，但同時也給了我們快樂的回憶。

第七站・印度｜你還記得你的夢想嗎？

長途旅行是見證愛的最好方式，開始覺得你們在路上相遇並不會太長久。

沒想到你們會越走越遠，這樣一段旅程並不是容易的事情。

希望你們能永遠接納對方，欣賞對方。

阿龍 At 瑞斯凱斯

　　飛機緩緩降落在印度齋浦爾機場的跑道上，這是我們第二次來到印度。2017 年我們的愛情故事從這開始，在印度拍婚紗是我們既定的行程，但我們還沒決定拍攝的城市。

　　從四色城、普西卡、新德里一路往北來到瑞詩凱斯，一直沒有想要「拍婚紗」的感覺。正愁著沒有想法的時候，突然微信捎來一封訊息：

　　「你們在瑞詩凱斯嗎？」

　　發訊息的人叫阿龍，他是個從鄉下來到上海大城市讀書的青年。我們第一次認識也是在印度，那是 2017 年的夏天於阿姆利則錫克廟的旅館內。他是個整天拿著大砲（相機）四處拍的人，我曾問他來印度的原因，他說：

　　「我休學了一年，我有點迷茫，因為我學的是工程相關，但我對攝影很有興趣，我知道畢業後我不想當個工程師，但……我的父母又希望我能完成學業。所以我給了自己一個目標，到一個自己從來沒想過會去的國度，然後旅行。看看別人的生活、體會人生的意義。」

　　事隔一年，我們竟再次在印度相遇。這次我一樣問了他問題：

　　「你復學了嗎？」

　　「哈，沒有，我仍然休學中。」

　　「那……你有想法了嗎？對於你自己的人生。」

　　「老實說，沒有很確定。但我想我是真的喜歡攝影，我現在開始接一些案子了。」他接著說：「我有看到你們在拍婚紗，如果你們覺得可以，我們想幫妳們拍。」

　　這對我們來說真的是很棒的消息，因為我們平時都用手機，現在能有大砲能不開心嗎？其實就算他不說，我們都會要求他能不能幫我們拍婚紗。

地點就在瑞詩凱斯，時間選擇見面後的隔日下午，我們訂了一個主題，那就是剪影。

我們換上衣服，我穿上印度買的傳統服裝，步行走到恆河邊，恆河是印度的母親河。在一年前的瓦拉納西，我也曾經離恆河這麼近，雖然我鼓起了勇氣讓自己浸泡在河裡，但看著遠處的屍體燒著，我始終不敢輕易的張開嘴或隨意呼吸。

不過這次不一樣，瑞詩凱斯因為是上游，相對乾淨清澈了許多。當我們拍完照片後，所有人脫下衣服往河裡衝。這次不再害怕讓水進到嘴裡，也更恣意的在水中遊玩。

那天傍晚，阿龍帶著自備的小鼓，他的朋友帶著吉他。我們在一座橋邊街頭表演了起來。我貢獻了我的歌聲。

天色漸晚，由於印度的路燈並沒有普及，黑夜開始籠罩，漸漸地只聽見歌聲、鼓聲以及撥弦聲。路過的印度人皮膚黝黑，更讓我們以為在無人的街頭裡唱著。

阿龍跟我說，等這次印度之旅回去，他會把學校的事情處理好，然後開始專心做攝影。這是一條不好走的路，但印度都來了，還有什麼不能克服的呢？

第八站・印度 | 在印度的年輕藏族

Wishing you both a very happy married life.

From CAFÉ COFFEEO at India

　　藏人一直是一群有家歸不得的人，但哪邊是家呢？已經有很多的藏人出生於印度，拿的是印度護照，理當是以印度為家吧？

　　離開瑞詩凱斯後，我們回到新德里居住，等著便宜的機票出現，然後離開印度。

　　日子久了自然會認識一些在印度生活的人，有趣的是在新德里可以結交來自不同地方的朋友。而藏人也是一群避不開的團體。

　　透過在印度工作的中國友人，認識了一些藏人。在印度有兩個地區有較多的藏人聚集，一個是達蘭薩拉，也是達賴喇嘛的臨時行宮所在地。而另一個則在新德里的藏人村。

　　在來印度之前，我對藏人的印象一直是他們非常怨恨中國政府，然而隨著我的接觸，越來越多不同的聲音出現。當然這也只是我的片面接觸罷了。

　　2017 年的旅行，我在達蘭薩拉的一棵樹上看到一行字寫著：

　　"Tibet, Taiwan and Hong Kong, we are friend forever…"

　　我忘不了的是因為華人面孔，沒有藏人願意跟我說話，然而當臺灣人的身分拿出來卻又受到較熱情的歡迎。

　　我曾問他們覺得哪裡是家？

　　他們認為達賴在哪兒，他們就應該在哪兒。

　　這是我問了一個年紀將近 50 的藏人的回答。

　　2018 年的這次再訪印度，我在新德里問了另一位年紀與我相當的年輕藏人：

　　「我爸爸……覺得家應該是在西藏，但他們跟著達賴過來了。而我仍然覺得西藏是我們的家，我尊敬達賴，但我們屬於那片土地。」

　　其實在印度的藏人並沒有我們想像中的過著好日子，如果各位有機會拜訪藏人區會發現，藏人擺攤賣著的紀念品價格還比外面印度人賣的高，物也比一般的餐廳來得貴。這讓我感到很疑惑。

　　中國友人告訴我，印度政府對他們非常苛刻，每個月的補助不過約等於幾百人民幣的

盧比。而他們拿到的貨品也較貴，自然無法便宜銷售。

　　大部分的藏人無法靠著補助或販售紀念品而活，最後只能依靠著遠在西藏的親戚資助。

　　在西藏的藏人親戚會透過微信轉帳人民幣到印度的藏人手機裡，然後他們再去找在印度做生意的中國人換取盧比。這是一筆很好的買賣，而且方便。我的中國友人便是做這門生意的。

　　當我問這位年輕藏人時，也許就是這樣的一個背景環境讓他覺得印度不會是個家吧。

　　那天我們在常去的咖啡廳裡坐著，藏人朋友拿出他的印度護照說：

　　「我正在申請中國護照，到時候我就要放棄這本印度護照，我覺得很值得。中國或許可以讓我們過得更好。」

　　我想這話不假，在中國的西藏藏人確實富裕得多。拉薩八廓街上的喧囂，小酒館的熱鬧，印度完全比不上邊。但這樣的抉擇就可能要捨棄身為藏人的信仰，也許這跟高齡的達賴有關。

　　這些都是與在臺灣聽到的不同，雖然我無法評論他是否代表所有在印度的藏人，但也許可以說出這代人的一個心聲吧。

印度是我們相愛的國度，在印度拍攝婚紗是我們的夢想

第九站・阿曼 | 性開放

Ibrahim 是我們在阿曼的第一個沙發主，在來阿曼前的一個禮拜，我透過沙發沖浪 APP 聯絡上他。在 APP 裡面關於他的評分是滿分，我還特地看了一下都是那些人評分，有伊朗人、波蘭人、日本人，還有一些歐美人士。

我們抵達阿曼機場，Ibrahim 還特地開車來機場接我們，因為他說阿曼很大，觀光交通不發達。這點我確實後來有感受到，在阿曼搭公車是件很折磨的事情。

Ibrahim 的家不大，他只租了一棟透天厝裡的一個房間而已。所以沒有所謂的房間，客廳跟床在同一個空間裡。當然我們只需要沙發就夠了。

他的職業是一名小學老師，在阿曼似乎大學以前都是男女分校。他載著我們去學校參觀，只見一群小朋友從我們身邊閃過，還真的是沒見到女學生。

「你們等我一下，我去打個卡就回來。」

「你不用上班嗎？」

「噢！要啊，但今天我決定陪你們一天，所以⋯⋯我就去打個卡。」

Ibrahim 載我們到附近的巴扎逛逛，還有總統府以及一些市集。我們沿著阿曼灣走著，偶爾一些印度來打工的人叫賣著零食，他買了一些給我們。

「你們在我家，可以做任何想做的事情。」Ibrahim 突然對我們說著。

「好的，謝謝。」

我本以為這只是客套話，沒想到不是。

回到家後，他再次跟我說了一次同樣的話，希望我們別在意他。但我真的不知道他要我們做什麼。

「你們一定覺得我們阿拉伯人都很嚴肅吧？」

「呃⋯⋯沒有啊，我沒有那麼覺得。」

「我知道伊斯蘭教讓我們給外界的人有一種保守的印象，但我不一樣，我在家裡不是個穆斯林。」

突然的，他開始分享他的故事，據他說，他曾到泰國旅遊，學了精油按摩（在他的堅持下還幫我做了一次全身精油按摩）。回國後，他開始接待沙發客，並且跟沙發客產生了

很多的親密關係。我頓時懷疑起他在 APP 上的滿分了。

「你接待這麼多人，他們有做『想做的事』嗎？」我盡量不把關鍵字說出來，但也已經呼之欲出了。

Ibrahim 沉默了幾秒看著我：「嗯……」

他開始分享那些他與沙發主的荒謬故事，我們一旁聽得津津有味。我好奇地問了他：

「那些沙發主是哪些國籍的呀？」

「很多啊，有伊朗人、波蘭人、日本人，還有一些歐美人。」

原來給他滿分的人們就是這些被他服務過的客人。還好我跟依藍可以用中文聊天，我把這些故事都跟她說，她急忙問我是不是要趕快離開找旅館住。但我覺得應該沒那麼誇張，而且天黑了，就住下吧！

我們旅行的時候，每當遇到只能用英文溝通的陌生人，我總是會把依藍包裝成完全不會說英文的人（確實她也真的不太會說），這樣一來我就必須充當翻譯，而這也是我們可以討論是否要遠離這個人的時機。

最後我們在 Ibrahim 的沙發上睡了兩晚，我們特地做了可樂雞翅當作回禮，不過他似乎只對「那些事」感興趣，頻頻問我們怎麼不做？

我也只能笑而不答。

他是我們第二個用阿拉伯文寫下祝福的人，他翻譯了來自巴勒斯坦的巴森寫的話。然後他說：

「你們再去找下一個阿拉伯人，請他翻譯我的祝福給你們吧！」

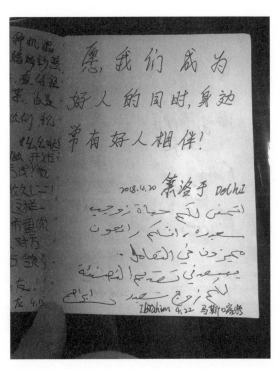

沙發主 Ibrahim
給我們的祝福語

第十站・阿曼｜撒攏！朋友！

Mubarak 是我們第二位沙發主，他住在另一個城市蘇爾（Sur），出名的景點是海龜下蛋，我們也是為了這個去的。

當我在 APP 跟他聯絡的時候，他給了我一個地址，他說到那兒會有人帶我們去住的地方。於是我先把地址設定在離線地圖上後，搭車巴士往蘇爾。

下了車，沿著地圖走，來到了一間星級旅館。

「我以為會是住家？」

「我也是這樣想。」

想了想我們還是走進旅館。

「Mubarak 介紹你們來的？」櫃檯小哥半信半疑地跟我確認。他拿起手機撥了號碼，我猜他是打去確認，果然沒多久我聽到他講到 Mubarak 的名字，雖然其他都是阿拉伯語，不過名字應該是差不多唸法。

「好的，我帶你們去房間。」

「Mubarak 什麼時候回來？」

「噢，他不住在這兒的，不過他說他會找時間來看你們，如果你們要找他，可以留言給我，我再轉給他就好。」

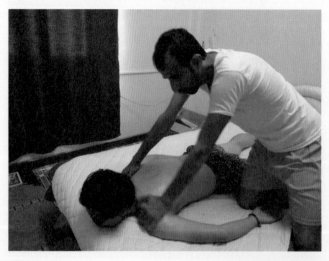

在阿曼體驗泰式按摩
有不同的風味

我們真的有點不解了，因為一般沙發客都是住到沙發主的家裡，這是我第一次遇到被招待來旅館。我心裡第一個想法是要付錢嗎？（第二個問題就是：那要多少錢？）

我翻閱 APP 上我們的對話，並沒有提到任何關於付費的字眼。

正當我在思考時，剛好一對遊客來辦理入住，我側耳一

聽，好奇價位大概在哪兒？

「謝謝！總共費用是 226 歐元。」

一晚？兩晚？這個價位似乎有點高啊。但是來了又不好意思離開。

「住吧！」依藍說著。

休息片刻，房間的電話響了起來：

「你好，Mubarak 先生在樓下了，你們有空的話可以下來。」

到底是免費還是使用者付費馬上就要揭曉了。我們搭乘電梯下樓，門一打開便見到一位身穿白長袍，頭戴一頂白色小帽子的人站在櫃檯旁。因為他本人跟 APP 裡面的照片差異不大，很快的我就認出他。

「房間還可以嗎？」

「嗯嗯……房間很好，謝謝你。話說……這很貴吧？」我決定出直拳。

「價錢你不用擔心！這間旅館的負責人是我親戚，我在這裡有固定的房間來接待客人，你們儘管住吧，別煩惱錢的問題。」聽到這裡我心裡已經安心一半，他接著說：「另外要跟你說聲抱歉的事……」聽到這裡我又煩惱起來了。

「就是……最近我的公事繁忙，我可能沒辦法招待你們。我會盡量提早下班來帶你們。」

聽到這裡基本上已經安心了，如果只是這樣子的事情，那我們完全可以配合。

「很謝謝你提供我們這麼好的

環境，我們也不能占用你太多的時間，如果您公事繁忙，我們也可以自己去逛逛。」其實我內心想著，沒人陪我們也不錯，可以睡到自然醒，想去哪就去哪。

「謝謝你們的諒解。我有請我一位朋友來招待你們，我想他晚點會來，如果他到了會留言給櫃檯。」說完沒多久他就回去上班了。

大約一小時後，房間電話再次響起：

「您好，您的朋友已經到大廳了。」

我們準備好下樓，電梯門打開，又是一位身穿白袍，頭上一頂白色小帽的人。似乎在阿曼這是基本服裝，除了旅館人員有自己的制服外，一般我們看到的阿曼人都穿這一套。

「噢！我的朋友，我的名字叫 Talal，是 Mubarak 的朋友，他請我來帶你們四處走走。」於是我們上了他的車。

我們沿著海岸走，Talal 帶我們看了幾座類似燈塔作用的古老建築（AI Ayiah Watch Tower、AI Ayjah Lighthouse），然後開到距離城市約 20 公里遠的地方去拜訪朋友，於是我又多認識了幾個阿曼人。

說說我對阿曼人的印象，他們清一色的都給我一種很愛乾淨的感覺，因為純白色的長袍搭配白色小帽子，彷彿一塵不染。但一般我們要是都穿同一件衣服應該會有點髒，或是有點皺。後來我參觀了他們的衣櫃才發現，原來他們有很多套白色長袍。他們會每天送洗衣服，所以能保持這麼乾淨。

午餐時間到了，他們拿出準備好的小餐盒，我們坐在其中一位阿曼朋友家的庭院。這裡的位置很好，剛好可以遠眺阿曼灣。接著他們一人一手在餐盒裡面把食物摳出來，Talal 把餐盒遞給我，我也如法炮製的學他們摳食物。

嗽嗽嗽！在完結食物之後，還要把手指上最後一點殘渣吸乾淨才行。

老實說，用手直接抓食物吃，這跟他們一絲不苟的穿著打扮有點衝突。

太陽下山，Talal 載我們回到城市，我以為結束一天的行程了，結果不是。我們在旅館外看到一個熟悉的背影。

「看來 Mubarak 下班了，太好了。」Talal 開心的對我們說著。

他們倆握過手，說了幾句。Mubarak 走向我：

「希望你們滿意今天的行程，我朋友 Talal 很想把我們阿曼最好的一面給你們看。晚上我再帶你們去走走吧！」於是我們又上了他的車。

再一次回到岸邊，相當於我們看了日落又看了夜晚的沙灘。回到旅館已經是晚上 10 點左右。

隔天不是睡到自然醒，而是清真寺的歌聲繞梁過後的半小時，櫃檯的一通電話開始了我們新的一天。

「先生，早安，您的朋友 Talal 已經在大廳等候你們了。」

似乎是做完禮拜就立刻過來，我們下樓，他仍然是一身白色裝扮，跟昨天完全一樣。

我們又上了他的車，又繞了一圈城市，下午去拜訪他的朋友。中午一起摳飯吃。傍晚回到旅館，Mubarak 已經在那等候我們。再換車，夜景、海浪聲以及熱奶茶，同樣的生活我們重複了三天。

第四天晚上比較特別，這天 Mubarak 說：

「今天有機會可以看到海龜下蛋！」

於是他載著我們到很遠的海邊，路燈的數量漸漸變少，據他的說法是燈光越多，海龜會不敢上岸。

我本來以為看海龜在一般的海灘就可以，但 Mubarak 卻開進一個類似軍事基地的地方。裡面幾個軍人出來，跟他談了幾句。Mubarak 在一張紙上劃了又劃，突然他向我開口：

「你們過來看一下，這邊有一些小海龜是最近從蛋殼裡爬出來的。」

我們興奮地奔跑過去，只見警衛室旁有一個紅色水桶，裡面有大約十隻的小海龜。

「為了讓海龜媽媽安心地上岸，現在政府有派人控管這裡，所以才會有個哨口在這兒。」

我們別過軍人，往更黑暗的地方開去。他把車燈關閉，接下來都是靠著月亮微弱的光照映著我們，讓我們可以偷偷摸摸的靠近岸邊。

「我們從這裡下車，用走的過去看。」

似乎車燈關掉還不夠，連引擎聲都可以會嚇跑海龜。

我們躡手躡腳的往海邊走，呼呼呼的颳著風，逆風漸大，鼻子裡聞得到海水的鹹味、耳朵也已經可以聽到浪潮拍打在沙粒上的清脆聲。今天的月亮不夠圓潤，還不習慣黑暗的我們沒辦法走的輕鬆。

「你看，那邊有一隻海龜！」Mubarak 指向一片黑暗。

「我看不到……」

於是我們走的更近，突然有一坨黑影往海邊緩緩走去，當我適應黑暗後，果然看到一隻被我們驚動的海龜正要逃回海裡。

我們在距離海大約 50 公尺的位置，類似沿著稜線一樣走著。我想這樣的用意是為了不打擾海龜們。

時間過去一個鐘頭，我們才看到幾隻海龜的蹤影，但遺憾的是一顆蛋都沒看到。

最後我們坐在一處沙灘上，圍了個圈聊天。

沒多久來了一群英國遊客，他們也有一位阿曼地陪跟著。Mubarak 邀請他們加入我們的對話。

Mubarak 問他們對於穆斯林的看法，我想這個問題是敏感了點，尤其對歐洲人可能更是。想想英國人可是組織了幾次的十字軍東征，征的就是穆斯林國家。

幾個英國人互相看了看也沒有什麼回答，其中一人像是鼓起勇氣一樣說出：

「我感覺阿曼跟其他伊斯蘭國家不太一樣，好像你們比較愛好和平，比較熱情。」

我認為這是一句還不如別說的答案。

他也問了我同樣問題，我發覺穆斯林很喜歡問這個問題，也許這世界真的欠了他們一個公道吧，在他們的認知當中，我們應該都被美國釋放出來的抹黑新聞所迷惑了。

「我對穆斯林的印象很好，當我在伊朗跟土耳其旅行的時候，我受到非常多的幫助，而且遠比西方人給予的多得多。」

我想我的答案比較安慰他，他給了我一個 100 分的笑容並說聲謝謝。

當然，我並不是討好他，而是我自身的經歷。確實穆斯林給我的幫助很大，在搭便車、或是當沙發客，穆斯林似乎較願意幫助這些來路不明的陌生人。按他們的聖經說：
「每一個出現在我面前的陌生人，都是阿拉派來的使者。」

我問 Mubarak 是否很在意外國對穆斯林的看法嗎？
他說他很在意，但是穆斯林的國家很多，他明白中東有很多恐怖主義組織，但好人應該永遠比壞人多。歐美國家也有恐怖組織，只是在美國的主導下，穆斯林成為了推倒和平的破壞者。

幾天過後，我們準備離開蘇爾，他和 Talal 都過來道別。
他們給了我一個大大的擁抱。
「願阿拉祝福你。」

在阿曼首都蘇丹卡布斯
大清真寺拍攝婚紗照

第十一站・埃及 | 金字塔下

很多人都說埃及騙子很多，但我想不管哪個國家應該都是好人多。從開羅機場搭往市區的巴士站，不少人對我們伸出援手。雖然我們沒有網路，但總能遇到好心人。

抵達青旅後，櫃檯忙碌得沒空搭理，我們只能坐在一旁的沙發上等待叫號。

「中國人？」

這個問題每次出國總有人問，而我也不厭其煩的回答：

「你好，我來自臺灣。」

發問的是一名少年，由於我們初來乍到埃及，也不清楚埃及人該是長什麼樣子，但我很確定眼前這位不是當地人。所以我也反問了他同樣的問題。

「我是印度人，我叫 Ali，在開羅大學讀書。我總分不出你們跟日本還有韓國。」

「沒關係，我也分不清楚你們跟尼泊爾還有巴基斯坦。」

他有發現我們在等待櫃檯辦理入住，他說可能要等很久，因為人員不足，住的人又多。於是他充當起店家開始向我們介紹青旅的設備。然後隨手把櫃檯桌上的開羅地圖拿過來，指出哪些景點、哪些餐點值得一去。

等到最後櫃檯小哥有空的時候，我已經對青旅以及周圍環境瞭落指掌。

隔天一早，我們搭乘地鐵轉公車到金字塔。我發現地鐵外邊已經有很多私家車專門載客人到金字塔，但我們沒搭。除了考慮到價錢外，因為一出站就可以看到金字塔了，感覺沒有遠到要花那筆錢。

回絕了邀請，我們找尋可以到金字塔的公車站牌。

埃及似乎沒有很正規的站牌，車子停了就上。我們隨便上了一臺公車，我本想告訴司機我們的目的地，但他手一揮，示意要我們先往後面走，人潮湧進，我們也片刻無法停下。

我向坐在一旁的大叔問公車是否會到金字塔，但他似乎沒聽懂。我把兩隻手指指尖接觸在一起，比作一個尖塔，他才恍然大悟。但他還是沒給我們答案，用我們不懂的語言向

其他乘客説話。

沒多久另一名青年被推擠過來：

「嗨，你們好，聽説你們要去金字塔對吧？這公車不會直接到，但可以在附近下車。我等下跟司機説一下，請他在金字塔周圍停車，你們走一下就到了。」

原來整車會説英文的實在太少，大家發現青年能説幾句，於是把他拉到我們座位旁邊。

公車停在大學生要求的位置。

「瞧，金字塔就在前面了，你們往前走就會看到入口。」三角形尖塔的身影已經比地鐵站看到的大了許多。

我用手機查看預先下載好的離線地圖，確實已經不遠了。

在抵達真正的入口之前，我們遇到一群埃及人對我們喊著：

「這裡！這裡！入口在這裡！」

我們沒理會他們，因為離線地圖上明明顯示還沒到。

「走過頭啦！你們走錯啦！」

我們還是裝作沒聽到。

這時其中一個頭戴阿拉伯頭巾的商人向我們跑來，他微笑地説著：

「你們走錯了，那條路不會到，我們這邊有駱駝可以騎，騎駱駝逛金字塔很好。」

我心裡明白他是騙子，本來想陪他多玩一會兒，無奈天氣酷熱，我只想趕快到售票處趁機休息。

「從這裡走要好幾公里，你真的不騎駱駝嗎？」他似乎不打算放棄。我不覺得他們的業績很差，雖然網路上頻頻傳出受騙者的傾訴，但這麼熱的天氣，確實會讓人想騎駱駝逛金字塔。被騙的部分應該都是金錢上的糾紛吧。

我推開他，繼續往前走。完全不像他説要幾公里才到，其實就 200 公尺左右的距離。

在金字塔景區內，也有很多騙子，大多是為了錢。雖然《可蘭經》説穆斯林不能騙人，但從古至今能遵守的有多少？

才剛進入景區沒多久，就有懸掛導遊證的埃及人示意要幫忙拍照或介紹好的駱駝，甚至強迫我們試戴阿拉伯頭巾。在他們眼裡，我們就是肥羊，但要宰殺我們，可沒那麼容

易。

金字塔範圍非常廣，沒花個半天一天根本逛不完。更別說頂著豔陽，小攤販賣的水再貴都有人買。

本來有打算在金字塔下拍婚紗，但發覺這不是個好主意。最後依藍只戴了頭紗，象徵意義的當作婚紗拍了。

儘管只有頭紗也足以讓周圍的人好奇了，頻頻問我們是不是在度蜜月或拍婚紗。

「金字塔是做什麼用的呢？」依藍問。

「一般都說是法老的陵寢，也就是墳墓。」

「那我們在墳墓拍婚紗，會不會不太好啊？」

突然這麼一說，我也好像覺得怪怪的。

「聽說金字塔有可能不是陵寢，是發電機。」我們對看大笑著。

在胡夫金字塔後方有幾座名為皇后的金字塔群，我們看著不遠，便打算走去。路上沒什麼遊客，只有一位扛著大砲的攝影師。聊過之後，發現他是特地來拍攝金字塔，作為他展覽的作品。

突然前方三兩遊客氣喘吁吁的跑來，在我們面前停下：

「你們是要去皇后金字塔嗎？別去吧，前面有人被搶了。」

完全沒想過景區內也能發生搶劫案，畢竟這裡真的太大了。我們與攝影師討論過後決定回頭，安全比什麼都重要，對吧。

金字塔景區真的是無奇不有。在去獅身人面像的路上，看到一位白人婦女被遺棄在駱駝背上。旁邊站著一位埃及人，看起來是駱駝的主人。只聽見婦人嚷嚷著：「你一開始說的不是美金，是埃及鎊！」

但一旁的埃及人卻堅持價錢一開始就是美金為單位。

婦女雙手抱著駱駝的脖子，牠的主人有意無意的操弄著繩索。駱駝不斷地晃動，幾乎要把婦女甩下來。

最後她妥協的掏出一張美金才得以逃下駱駝。

我們大約逛了四五個小時才離去。

金字塔是我從小就一直想來的地方，也算是圓了我的夢。作為碩果僅存的古代七大奇蹟，我想再貴的門票都值得，至於那些騙子，就當作風景的一環看待吧！

在埃及金字塔下拍攝婚紗照

第十二站・埃及｜結婚證書

　　亞歷山卓一直是我很想來的城市。亞歷山卓曾經是埃及古王國的首都，這個以希臘人為名的城市，在古羅馬史占有很大的版面。

　　Esraa 是我們亞歷山卓的沙發主，但礙於宗教因素，他無法收留我們，只能帶我們四處繞繞，但他承諾會幫我找便宜的旅館。

　　從開羅搭乘火車抵達亞歷山卓火車站，Esraa 已經在站外門口等著。

　　見面之後才知道她是個連用英文問好都不會的人，也難怪在 APP 裡面的對話只能用單字去揣測她的意思。我們見面後是全程用 google 翻譯在對話，但這不影響我們的交流。她是個很可愛的女生，目前還是大學生。我們是她第一次使用 APP 接待的客人，所以她很興奮的帶著我們走跳。

　　首先她帶我們到一間她覺得很便宜的旅館，那是在一個傳統市場裡面的一棟大樓。螺旋狀的樓梯、斑駁的黃色大理石地板。

　　櫃檯只有一個老頭，當他看到我們時，疑惑著用手拿下眼鏡擦拭。沉默了幾秒他才發現 Esraa 也在一旁。他們倆對話了幾句，突然老頭轉向我說：

　　「不好意思，你們不能住這裡。」他說，「我們不能讓一男一女住在一起，除非是夫妻。」

　　「啊？我們是夫妻啊。」想到只是這麼膚淺的理由拒絕我們，實在有點覺得可笑。

　　「你們能證明嗎？有帶結婚證書嗎？」

　　這是我聽過最搞笑的問題，有誰會隨身攜帶結婚證書呢？

　　「我們沒有結婚證書，但我們可以證明給你看。」

　　「好啊，怎麼證明？接吻嗎？」

　　結果我們就在 Esraa 跟老頭面前親吻。我以為這樣就可以入住了。

　　「很抱歉，我還是不能讓你們住，雖然你們是夫妻。」他表現出一臉很遺憾的樣子，接著說：「我們旅館只能接待埃及人。」

　　「你為什麼不早點說呢？！」真的是讓我啼笑皆非。

　　最後我們還是靠自己找到了一間還可以接受的旅館。

我們在亞歷山卓住了一陣子，因為這裡物美價廉。可能是因為宗教因素，他們似乎不吃雞爪、雞翅之類的部位。我們在傳統市場裡買了一公斤的雞爪（10元臺幣）、一公斤的雞翅（15元臺幣），我們白天跟 Esraa 出遊，晚上就在旅館嗑可樂雞翅跟雞爪。

離開亞歷山卓，我們往西奈半島出發。傳說這裡是摩西著十誡的地方，今天是一片時有戰亂的地區，在臺灣的觀光局警示顏色為紅色。這裡有一個很奇特的現象，就是如果從約旦或以色列進入西奈半島，取得的埃及簽證似乎不能超出半島的範圍，也就是不能去開羅等等地區。但反過來是可以的。

我們的終點站是一個位於紅海邊的小城鎮叫達哈普，那裡是埃及最有名的潛水勝地，來往的潛水客遊人如織。幾乎各家青旅都有課程可以選擇，甚至有的只要報名了課程就可以免費入住，或是住了可以免費潛水。

我們在一間剛開業不到兩週的民宿租了一個房間，房東是從蘇丹過來的兩名年輕人。他們似乎是看中了達哈普的發展，所以把這個廢棄的房子承租下來。

這間民宿的設備非常簡陋，雖然庭院有一個大水池，但沒有水。有一個漂亮的花園，但沒有花，只有滿地泥濘的土。就連 WIFI 也只有辦公室範圍幾公尺才連得上。

門口有很多水泥袋跟磚頭，果然跟我想的一樣，一切都才剛開始。

兩位年輕房東白天就在民宿敲敲打打，為了連上微弱的 WIFI，我必須待在花園，也就把他們的日常給記錄下來。

晚上我們會到岸邊看沖浪、看跳水，還有一堆跟我們一樣只是純享受泡腳而已的人。

聽說在達哈普不遠的一個港口有一艘船可以到約旦，我們想著想著就決定去約旦了。

第十三站‧約旦 | 紅海商船

「這只有上帝知道？！」販賣從埃及橫渡紅海到約旦船票的售票員說著。

「你怎麼可能不知道發船時間？！」我疑惑的逼問著。

「不知道就是不知道，所以這張船票的效期是一個月，哪天有船，你就哪天可以搭。」他兩手一攤，順勢地把窗口也闔上。

「管他的，去看看就知道了。」

我們走了約幾百公尺抵達碼頭入口，在去的路上隱約看到海上停泊著一艘船。

門口的警衛擋著，並說：

"Today, no! Tomorrow, yes!"

我向他詢問停靠的那艘船是否就是通往約旦的船班，但他不願回答。

我嘗試的拿出 10 美金要賄賂他，見他眉頭一皺，脫口說出：

"More, More!"

但我已不願意多出錢了，因為我確信裡面那艘船就是我要搭乘的。

大概僵持了半小時，警衛仍不讓我進去，只說沒船。

沒多久，一名疑似船員的老外從裡面走出來，我像是抓住救命稻草一般向前攀談。

他檢查了我們手上的票與護照後，表示可以搭船。

但警衛似乎不肯罷休，用埃及語向船員溝通著。

也許是想索取賄賂，也許是想為難我，讓我上不了船。但船員似乎很正派的要求警衛帶著我們辦理出關手續。

從大門到關口大約 200 公尺，我們小跑步衝進大樓辦理出關手續。等一切都弄好後，我回頭望向警衛，伸起手來向他揮別，他並沒有因為少了我那 10 美金而難過，還是咧嘴大笑用力地揮著手。

第十四站・約旦｜死海・王子聚會

「你女朋友是中國人嗎？她是做什麼工作的？你們怎麼認識的？」我們在約旦的沙發主 Allen 這麼問著。

透過背包客棧，我聯繫到一位住在約旦首都安曼的臺灣人。他很樂意接待我們，但不知為何一定要先約在附近的賣場見面。

我心想，這也太神祕了吧？越是這樣，就更讓我想去住。

我們提早一小時抵達賣場，想先摸清地形環境，然後找一個人多視野好的地方等待。

沒多久一位男生向我們揮手。他身形挺拔精壯，結實得像鋼筋水泥一般。

我們簡單的介紹了自己，把他想問的問題說了一遍。

「真是不好意思問了這些，因為我的身分比較不能接觸他們（指中國大陸）。」

這似乎是一場絕對會通過的審查，只是為了符合一定的程序。

還記得一進到他的房子 就看到臺灣國旗高掛在牆上。

Allen 是個生活很有條理的人，我在他身上看到了責任感，那是遠從 8000 公里外的臺灣，他與妻小每日的視訊，總是關心著家裡的每件事，還有孩子們的成長。

「再過幾年我的任務就結束了，然後我要回家，陪在我的家人身邊。他們真的……辛苦了。」

比起拍婚紗，我們更熱衷於在死海裡載浮載沉

透過 Allen，我認識了很不一樣的約旦。

我們被邀請參加了一場高規格的饗宴，事後我們都稱呼那是「王子們的聚會」。與會人員有葉門跟奈及利亞的王子，以及巴基斯坦、法國等國的高官。

我特地從背包裡拿出最像樣、最整齊、最不皺的那件襯衫出席。

在聚會上，我再次聽到那句熟悉的祝福語：

「願阿拉祝福你！」

我們在安曼待了幾天，雖然 Allen 總有做不完的工作，但總能忙裡偷閒，趁閒暇之餘載著我們穿越大街小巷。在那裡我買到一雙二手登山鞋、吃了一頓美味極了的羊肉餐。坐在沒有招牌的二樓咖啡館內，看著大家打牌小酌，底下就是市集。

「我帶你們去死海！」

Allen 知道我們在拍婚紗，也知道我們的盤纏有限。

在我的記憶裡，死海是個被綁架的可憐海域。它明明屬於這世界，卻被無數的財閥圈地，成為他們的私有物。

能說阿拉伯語的 Allen 在約旦廣結善緣，自然有很多遊客不知道的眉眉角角。他開著車載著我們到死海的某一段海灘。

「這裡不用付錢，下車吧！」

我們拿出準備好的浴巾，同時這也是我們準備拍婚紗的場地，掌鏡人自然是 Allen。依藍換上越南買的奧黛，她纖細的身材很適合。每一次拍攝，總能一再的感動我，到底我是何其幸運。

結婚是一個幸福的決定，你說，對吧！

第十五站・土耳其 | 天空下的熱氣球

Goreme（卡帕多奇亞）是土耳其最適合拍婚紗的地方。2017年我獨自旅行來到這裡，有懼高症的我雖然沒有搭乘過熱氣球，但每天醒來都看到五顏六色的天空。

來土耳其之前，本來的計畫是先去以色列。依藍的國籍需要申請簽證，所以我們到安曼的以色列大使館。巧的是那天突然封館，通往大使館的每個街口都有一臺防暴車，裡面坐了不少警察。

當然這之前我們並不曉得這些，自然的走向其中一條通往使館的路。

「你們要進大使館做什麼？」警察突然出現，擋住了我們的去路。

「我想申請簽證，我們要去以色列旅遊。」

「使館閉館一週，你們下週再來吧！」警察用手勢表示要我們趕快離去。

會不會只是剛好封住這裡而已？

我們並沒有硬碰硬，轉身走向另一條街。

在另一條巷口也一樣被警察攔住，即便我們表明身分，說明來意，得到的答覆都是暫不開放。

該放棄嗎？

放棄就等於不去以色列了，因為我們在約旦的簽證也快過期了。

「再試一次吧！」我說著。

這時剛好有一群約旦人也要去大使館，我們向前攀談，希望可以一同前往。他們很樂意讓我們加入行列。順利地通過警察後，來到使館門口。

使館的窗口是開著的，這讓我們感到有希望。

沒想到約旦人進去沒多久，出來一臉氣憤，嚷嚷著：「整天都在打仗！」

我們放棄了。

回到 Allen 家後，才從他那得知，那天早晨，以色列邊防軍射殺了幾名巴勒斯坦小孩。所以邊境暫時關閉，使館也停止了所有簽證的簽發。

無奈之下，我們買了飛往土耳其伊斯坦堡的機票，再慢慢地玩到卡帕多奇亞。

湛藍的天空被五彩繽紛的熱氣球上色，與 2017 年相比，熱氣球多了一種語言，那就是中文。中國商人的加入，讓這裡的競爭沸騰了起來。

我們在欣賞熱氣球最美角度的平臺上認識了一位廣東女孩，名字叫椰子。她很樂意地接下拍攝的任務，換取我們也得幫她拍下美照。

椰子剛離職，在下一個工作來臨之前，她想放任自己一陣子。土耳其是她魂牽夢縈的國度，也是她護照裡第一個戳章。

「也許來了之後，我會有什麼改變。」她期望著這趟旅程能讓她成長。

白紗在平臺上並不算特別，有太多遊客盛裝打扮，就是為了留下最美的倩影。除了我們之外，還有一組土耳其新人也在拍婚紗。說這裡是時裝秀，我想一點也不為過。

2017 年，我只能舉頭望明月，對影成三人。而這次多了依藍，我的伴侶，讓我不再孤單

在滿天的熱氣球中拍攝婚紗照

第十六站・土耳其｜乾爺爺

「歡迎你們來我的城市。」這是 Recai（Recy）從沙發衝浪的 APP 發給我的訊息。

孔亞（Konya）是土耳其蘇菲派的大本營，伊斯蘭旋轉舞的發源地。

旋轉舞儀式開始時，教徒會吟誦著。然後一個接一個的僧侶開始在原地裡打轉。開始時是雙手交叉在胸前，隨著旋轉的次數增加，雙手會慢慢展開。右手朝上代表接受上帝的祝福，左手朝下則是將祝福傳達給大地。透過這樣的旋轉與阿拉溝通。

Recy 是大學（Selcuk üniversitesi）的教授，他接待我們的那天剛好是畢業典禮。我們上車後便直接開往大學。

「今天是很特別的一天，你們運氣真好。」Recy 含著菸竊笑著。

我們來到一個禮堂，還沒進入就已經感受到音樂的騷動。

門推開，歡聲雷動。舞臺上有很多人在舞蹈，背後布幕上映著國旗，那是埃及的國旗。

「埃及人的舞會嗎？」我問 Recy。

「不只埃及人，你等會看看就知道了。」

印度、蘇丹、蒙古、烏干達、剛果、中國、葉門等等十餘國的國旗相繼出現在布幕上，每當換一面國旗，臺上的人也會跟著換一批。，白人、黑人、黃種人都匯集在臺上，然後表演不同風格的舞蹈或歌曲。

比較特別的是新疆人出場，背後出現的不是五星紅旗，而是另一面我沒看過的旗幟。按 Recy 的說法，新疆人也是突厥人，所以新疆人也是他們的兄弟。

「只要是穆斯林，不管哪個國家都可以來我們大學就讀。」Recy 驕傲的說著

隔天，Recy 起的很早，忙碌於工作的他，在鍵盤上揮灑。

他的家很舒適，擺設合宜，空間也很寬廣。看著櫃子裡一排排的紀念品，羨慕的心情不自覺的顯露在臉上。

牆壁上掛滿女兒及兒子的照片，至於獨漏的那人，我沒問，這是每個男人的課題。

他準備了土耳其紅茶（杯子是透明有腰身那種），托盤內放了幾顆白糖，還有簡單的生菜沙拉充當早餐。

「你們不是要拍婚紗嗎？我有個很棒的地方。」Recy把紅茶推向我們，要我們趁熱喝。

「為什麼你會想接待我們呢？」這是我對每個沙發主都會問的問題。

Recy順手將一顆糖放入杯內，砂糖在湯匙的攪拌下，很快地溶入茶中。他拿起茶杯，一口喝光茶杯裡的紅茶。他說：

「你看這個杯子，是我們土耳其人最愛使用的茶杯。茶杯的腰身是刻意的，除了讓人好拿之外，也體現出土耳其人的藝術。同時這也代表了我們的民族性，懂得變通。說起這杯子都可以出一本書。」我本來以為他開玩笑，結果真的拿出了一本書，是個土耳其女作家，內容是透過杯子了解土耳其人。

「所以你是為了讓我們了解杯子才接待我們的嗎？」我還是沒有了解他的意思。

「不是，我只是覺得你們拍婚紗旅行很有趣，所以接待你們！」他笑完後，又往杯子裡倒滿紅茶。

用完餐後，Recy帶著我們到附近的公園拍照。依藍換上白色旗袍，我還是那一套。隨著拍攝次數越多，我們已經習慣了眾人的眼光，也勇敢於向路人提出邀請。公園內有些許商家，可能是旗袍太有中國風，店家們頻頻對我們喊著：

"China，Welcome!"

我們在孔亞只待了兩晚，整個土耳其我們待了30天。在這期間，依藍懷孕了。當然，我們知道這事情是在阿爾巴尼亞。不過當我們知道有孩子的時候，就已經決定要找Recy擔任孩子的乾爺爺，同時也請他幫孩子取一個土耳其名字。由於不知道性別，所以他給了我們男女各三個名字，等我們知道性別後，他再一一的跟我們解釋名字背後的意思。

八個月後，我們回到臺灣，確定是男孩後，我們選了Mete這個名字。

「Mete代表著王者，勇者的意思。」Recy解釋著。

我的孩子，Mete，等你懂事，我們帶你回土耳其看乾爺爺好嗎？

第十七站・阿爾巴尼亞｜好消息與壞消息

人與人的緣，是看不見，說不清的；是沒想過，也沒猜到過。它不曾離開，只是等著時機，粉墨出場。

2017 年的旅行，阿爾巴尼亞是我最遠的距離。

我回頭了，為了愛，我飛到中國去找那個等了我半年的女孩。

2018 年，我帶著依藍再次來到這個儲存點，跟她說著我的故事，還有當時我是怎麼下定決心的。

這裡曾經有過一個臺灣人開的青年旅館，我在那擔任過一個月的管家。這次回來，特地請老闆擔任我們婚紗的掌鏡人。他是我們這趟婚旅拍攝者裡面最為專業的一位，因為看過他的作品，所以才有這個想法。

我們開車到附近的古老小鎮克魯耶，那是阿爾巴尼亞英雄（斯坎德培）的故鄉，聽說當年他以一己之力抵擋土耳其人的進攻，待他死後才被攻陷。同行的除了老闆外，還有一位來自帛琉的華人（但他一句中文都不會）。

今天的克魯耶已成為景區。雜亂有序的石頭地面，販售紀念商品的小攤販，山頂有一座碉堡貌似當年的遺跡，現已改為博物館。

這是我們的第 11 套婚紗，11 次的被感動，11 次許下一輩子守候的諾言。

走在街頭巷弄，兩旁的商家瞬間停止手上工作。來這拍婚紗的不是沒有，但東方人在這兒拍，可能是史上第一次。

阿爾巴尼亞是個有趣的國家，除了擁有全世界最多的防空洞外，也是歐洲少數以伊斯蘭教為主要的國家。

揪吉娜是我最好的阿爾巴尼亞朋友，她的父親是穆斯林，母親則是基督徒。她上教堂，也上清真寺。齋戒月的時候，她會表現的像基督徒；彌撒的時候，她會說自己是穆斯林，然後離去。

我們的第一次見面，她是充滿活力的，然而這年她憔悴了許多。

我們離去不久之後，我得知她得了白血病。旅館那邊她少去了，取而代之的是醫院。

「我會好吧⋯⋯？」揪吉娜氣若游絲地問我。

「會的！」雖然我完全不知道白血病是否能夠醫治，但她需要的是鼓勵，而不是面對現實。

當我們得知有孩子的時候，我通知了她，希望分享我們的喜悅給她。

「揪吉娜，等你好了，來臺灣找我們；如果你不來，我們就帶孩子去看妳。所以你不要走的太快，好嗎？」

那天，我們倆的臉書訊息欄上，收到了一個愛心跟一個笑臉。「我期待看到你們的孩子！」

在阿爾巴尼亞拍攝婚紗照，這也是
唯一一次有專業攝影師的拍攝

第十八站．北馬其頓、蒙特內哥羅、波士尼亞以及塞爾維亞｜歸途

旅行最大的收穫是我追逐了夢想，找到了愛情，也擁有了一個家。

我們在開往塞爾維亞的長途巴士上，我向司機要了幾個袋子，那是準備給依藍用的。孕吐隨著日子漸漸增加。她已懷胎三個月，我們仍在旅行的路上。

自發現懷孕後，我將她行李內的東西全部轉移到我的包裡。我們扔了電鍋，還有兩三套衣物，盡量輕裝前行。把用不到的東西遺留在阿爾巴尼亞，委託友人揪吉娜轉送給需要的人或回收。

我們的婚紗之旅也將暫停，離開阿爾巴尼亞後，還去了北馬其頓（當時叫馬其頓）、蒙特內哥羅、波士尼亞（與赫賽哥維納）以及塞爾維亞。除了北馬其頓還有拍照外，其他都只能留給下一次了。

拍攝於北馬其頓的世界
遺產城市奧赫里特湖

按照原本的計畫，我們會一路到西班牙，然後飛往南美洲的哥倫比亞，展開另一段冒險。但此刻似乎不太適合。

「我們回家吧！」這是我第 N 次向依藍提出要求。

「回去……然後呢？」我想，這是每個旅人都會面臨到的問題。

回去，然後呢？

對一艘沒有方向的船來說，任何方向來的風，都是逆風。

「別擔心，有我在。」

「你打算回科技業嗎？」

「不回去，就是想離開才出走臺灣的不是嗎？」

「那我們要怎麼養小孩？」

「鐵飯碗不是一個地方吃到老，而是到哪都有飯吃。總會有辦法的……」

我們決定回家，從塞爾維亞首都貝爾格勒飛往中國溫州。

那之後，我獨自一人回到臺灣，開始在學校、青年旅館、咖啡廳等地方分享我的旅行故事。

旅行是一件快樂的事情。

不單單只是從自己活膩的地方到別人活膩的地方而已。

那是一種久違的感動。

從一個人的獨旅，到兩個人的婚旅。短短兩年，我擁有了世界，地球不再只為我打轉，還為我的妻子，我的孩子。

約定好，下一段，三人都不缺席的遠行。

致謝

感謝我親愛的阿嬤，是您開啟了我的旅途。

感謝我親愛的妻子，成為我一生的旅伴及伴侶。

感謝我親愛的孩子，謝謝你完整了我們。

感謝我親愛的家人，給予我最強而有力的支持。

感謝這一路上遇到的驢友，是你們豐富了我的人生，讓我在酷熱的夏日吹起涼爽舒適的微風，在嚴寒的冬天感受零度之下的溫暖。

感謝時報文化、李國祥編輯給予我機會，讓我可以做一本屬於自己的作品，一本記錄著我（們）足跡的書。

我們的旅行未完待續……

願得一人心白首不相離

VIEW ⑧⑧

你所説的流浪，就是我的歸途

從一人獨旅到三人旅居的愛情旅遊故事

作　　者——楊迷斯

主　　編——李國祥

企　　畫——吳儒芳

總 編 輯——胡金倫

董 事 長——趙政岷

出 版 者——時報文化出版企業股份有限公司

108019 臺北市和平西路三段二四〇號三樓

發行專線：02-2306-6842

讀者服務專線：0800-231-705・02-2304-7103

讀者服務傳真：02-2304-6858

郵撥：19344724 時報文化出版公司

信箱：10899 臺北華江橋郵局第 99 信箱

時報悅讀網—— http://www.readingtimes.com.tw

電子郵件信箱—— genre@readingtimes.com.tw

法律顧問——理律法律事務所 陳長文律師、李念祖律師

印　　刷——金漾印刷股份有限公司

初版一刷——2020 年 10 月 16 日

定　　價——新臺幣 380 元

你所説的流浪，就是我的歸途：從一人獨旅到三人旅居
的愛情旅遊故事 / 楊迷斯著 . -- 初版 . --

臺北市：時報文化 , 2020.10

　面；　公分 . -- (View ; 88)

ISBN 978-957-13-8401-6(平裝)

1. 旅遊 2. 世界地理

719　　　　　　　　　　　　109015054